Emile VANDERVELDE
Professeur à l'Université Nouvelle

Les derniers Jours de l'Etat du Congo

JOURNAL DE VOYAGE
(Juillet-Octobre 1908)

Editions de l'Imprimerie Générale

11, Rue Chisaire, MONS (Belgique)

COLINS. — Qu'est-ce que la Science sociale (2e édition — 4 vol.) . . . fr. 20 »

ALEXANDRA DAVID. — Notes sur la Philosophie japonaise (1 vol.) . . . » 1 »

CH. FÉNESTRIER. — La Vie des Frelons (histoire d'un journaliste) (1 vol.) . . . » 3 50

RAOUL DE LA GRASSERIE. — Du Fédéralisme (1 vol. hors commerce)

LÉON LEGAVRE. — Les deux Routes (poèmes) (1 vol.) . . . » 2 50

La Femme dans la Société (1 vol.) . . . » 3 50

Les Basiliques (poèmes) (1 vol.) . . . » 2 »

ABEL NOEL. — Les Idées du Père Bontemps (1 vol.) . . . [illegible]

JULES NOEL. — Pourquoi nous sommes Socialistes (1 vol.) . . . » 1 [illegible]

ÉLIE RECLUS. — Le Mariage tel qu'il fut et tel qu'il est (avec une allocution et une lettre d'ÉLISÉE RECLUS) (1 vol.) . . . [illegible] 50

La Doctrine de Luther (1 vol.) . . . [illegible]

ANDRÉ SPIRE. — Sous la Botte. Un essai de [illegible] (1 brochure)

LOUIS THOMAS. — [illegible] d'un Critique (1 vol.)

ÉMILE VANDERVELDE. — [illegible] (1 vol.)

[illegible]

LES DERNIERS JOURS DE L'ETAT DU CONGO

EMILE VANDERVELDE
PROFESSEUR A L'UNIVERSITÉ NOUVELLE

Les derniers Jours de l'Etat du Congo

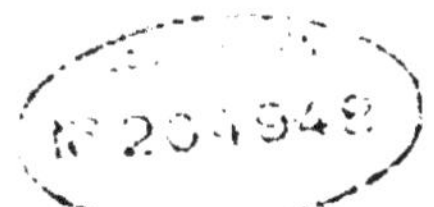

JOURNAL DE VOYAGE

(Juillet-Octobre 1908)

Édition
de
La Société Nouvelle
—
1909

MONS
11, rue Chisaire
PARIS
—
28, rue Vauquelin

A JULES DESTRÉE

en souvenir des discussions sur la reprise du Congo,
qui nous trouvèrent, temporairement, en désaccord
mais affermirent, en l'éprouvant,
notre fraternelle amitié.

INDICATIONS PRÉLIMINAIRES

Je me suis embarqué pour le Congo, le 23 juillet 1908, accompagné de Fritz Vanderlinden, envoyé spécial de *L'Etoile belge*. Un peu plus de trois mois après, le 25 octobre, je rentrais à Anvers.

Il va sans dire que, pendant ce cours laps de temps, je n'ai pu parcourir qu'une assez faible partie de notre nouvelle colonie, grande comme quatre-vingt fois la Belgique.

Voici quel fut mon itinéraire : après m'être arrêté deux jours à Boma, la petite capitale congolaise, j'ai fait, avec mon compagnon, une courte excursion dans la forêt du Mayombe, où les plantations de cacao, sans avoir l'importance des plantations de San Thomè, commencent à donner de bons résultats. De retour à Boma, nous avons gagné le Stanley Pool, par le chemin de fer des cataractes. Du Stanley Pool, nous avons remonté le Congo en bateau à vapeur, pendant quinze jours, de Léopoldville au camp de Lisala. Puis, avec escorte et caravane, nous avons pénétré dans l'intérieur et visité la région forestière qui se trouve entre le fleuve et le cours supérieur de son affluent, la Mongala. De là nous avons pris la route du retour et, après quelques jours d'arrêt, pour visiter Brazzaville, les environs du Pool, la mission de Kisantu, je me suis embarqué à Matadi, pour l'Europe, tandis que mon compagnon s'en allait dans le Kassaï.

Je ne m'attendais naturellement pas, au cours de ce voyage rapide, entre deux sessions parlementaires, à voir des choses que d'autres n'avaient pas vues, ou à découvrir des abus que d'autres n'avaient pas dénoncés. Quelques-uns de mes amis pensaient même que l'on s'arrangerait pour ne me faire voir que ce que l'on voudrait bien et qu'en somme je rapporterais d'Afrique beaucoup plus d'idées fausses que d'observations justes.

C'était oublier un peu trop que la population blanche du Congo ne se compose pas exclusivement d'admirateurs de l'œuvre du roi Léopold. A côté des fonctionnaires qui essaient encore de défendre le travail forcé et les paiements en nature, il en est d'autres — la plupart des magistrats, par exemple — qui aspirent, plus ardemment que personne, à l'abolition de ce régime ; et, à côté des fonctionnaires, il y a les consuls, les missionnaires, catholiques et protestants, les indigènes eux-mêmes qui savent parfaitement exposer leurs griefs et produire leurs réclamations.

Certes, je suis le premier à dire que bien des choses ont dû m'échapper et que, d'autre part, les agents de l'Etat qui, partout, m'ont admirablement reçu, ont dû avoir la préoccupation de me montrer, sous un jour favorable, ce qui les concernait directement.

Quand nous arrivions quelque part, on faisait nettoyer les sentiers, balayer les rues des villages, améliorer l'ordinaire des repas, et je crois bien qu'on oubliait de donner la chicotte aux travailleurs noirs, pendant les séjours que nous faisions dans les postes.

Mais je ne crois pas que ces précautions ou ces prévenances, usitées en pareil cas, et dont il faut, certes, tenir compte, pour mettre les choses au point, aient eu pour effet de me mettre des écailles sur les yeux.

Nous sommes arrivés, d'ailleurs, au bon moment : l'Etat du Congo venait de finir ; le gouvernement de la Belgique n'existait pas encore, et, pendant cet interrègne, on parlait beaucoup plus librement qu'on ne l'eût fait l'an dernier, ou qu'on ne le fera peut-être l'an prochain.

J'ai profité naturellement, pour mon enquête, de cette liberté de langage. Je suis entré, d'autre part, grâce à mon excellent ami et interprète, le Dr Neri — avec qui nous fîmes la plus grande partie du voyage — en contact direct avec les indigènes. J'ai pu m'initier à leurs conditions de vie, à leurs modes de travail. Et, en traversant des régions aussi différentes que le Bas et le Haut-Congo, que la forêt, les rives du fleuve et la brousse, j'ai mieux compris la divergence, si déconcertante à première vue, des témoignages qui ont été publiés sur l'Etat Indépendant.

Jadis, quand après avoir étudié les Livres Blancs anglais, les rapports des consuls Casement ou Armstrong, les lettres de missionnaires, publiées par le journal d'Ed. Morel, au sujet des « atrocités congolaises », je lisais les récits de voyage, si élogieux pour l'Etat, de Mrs. Sheldon et de lord

Mountmorres, j'étais porté à me dire que, si, comme c'était ma conviction, les premiers disaient la vérité, il était difficile de croire à l'entière bonne foi des autres. Aujourd'hui que j'ai vu, mon opinion, à cet égard, s'est modifiée. On peut, en étant rigoureusement vrai, dire beaucoup de bien et beaucoup de mal de feu l'Etat du Congo. Tout dépend de l'itinéraire que l'on suit, des régions que l'on traverse.

Supposez, par exemple, qu'un voyageur se borne à pousser une pointe dans le Mayombe ; à gagner la Province Orientale par le chemin de fer des cataractes, le steamer du haut fleuve, et le premier tronçon de chemin de fer des grands lacs ; à aller de là, par le pays des herbes, jusqu'à la Suisse Africaine, jusqu'aux montagnes du Khivu.

Il trouvera que les chemins de fer sont fort bien exploités et font le plus grand honneur à l'esprit d'entreprise de ceux qui les ont construits. Il admirera, sur la rive du fleuve, des postes bien aménagés, des stations riantes, dont le grand nombre fait contraste avec la faible occupation du Congo français. Il verra que, dans la Province Orientale, les indigènes, qui ont été influencés par les Arabes, cultivent le riz, sont arrivés à un certain niveau de civilisation, et, en somme, n'auraient pas trop à se plaindre, si l'affreuse maladie du sommeil ne commençait pas à les envahir. Il trouvera, dans les hautes terres du Khivu, des populations d'autant plus prospères que le voisinage d'autres colonies, qui pourraient leur donner asile, empêche qu'on ne les accable d'impôts. Bref, s'il se borne, ainsi, à suivre les grandes voies de communication, nul doute que son impression ne soit bonne et qu'il ne manque pas de le proclamer.

Mais les choses se présenteront d'une manière bien différente si notre voyageur, quittant le fleuve et les chemins de fer, pénètre dans l'intérieur, s'enfonce dans la grande forêt et parcourt, comme nous l'avons fait, une des régions où l'abondance du caoutchouc a été une malédiction pour les indigènes.

Soit, par exemple, la zône de la Mongala, le pays qui forme l'hinterland de Lisala et qui est habité par des races très diverses, depuis les Upoto de la rive du fleuve, jusqu'aux Budjas des environs d'Yambata et de Mandika.

Il serait certes inexact de prétendre qu'avant l'occupation blanche cette contrée fût une sorte de paradis terrestre, où les indigènes, vivant presqu'à l'état de nature, n'auraient eu qu'à se laisser aller au bonheur de vivre.

La vérité est que, sans trêve, ils se battaient entre eux, pour des femmes ou pour des esclaves ; que ces guerres décimaient les populations ; que les vaincus devenaient marchandises de traite ; que, si les Européens n'étaient pas survenus, certaines tribus étaient vouées, dans l'avenir le plus prochain, à la destruction ou à l'asservissement. Mais, pour les forts, pour ceux dont la chance était victorieuse, les conditions d'existence étaient, incontestablement, bien meilleures qu'elles ne sont aujourd'hui.

Avec ou sans l'aide des femmes, les esclaves domestiques, assez doucement traités — sauf le désagrément d'être transformés parfois en objets d'échange ou en viande de boucherie — faisaient les défrichements et les plantations, récoltaient le vin de palme, coupaient le bois à brûler, cherchaient les matériaux pour les cases.

Les hommes libres, par contre, quand ils n'étaient pas à la guerre, allaient à la chasse ou à la pêche, et, le reste du temps, s'il faisait du soleil, à l'ombre de leurs chimbèques, s'il pleuvait, au coin du feu, n'avaient guère autre chose à faire que de dormir, palabrer, faire de la musique, se peindre le corps pour la danse et se passer la grande pipe de tabac servant à l'usage commun.

Aussi est-il compréhensible qu'ils aient accueilli au plus mal les *mundele*, les hommes au visage pâle qui venaient, au nom de Boula Matari, occuper leurs villages, réquisitionner leurs poules ou leurs chèvres, et les contraindre à fournir, pour une rémunération dérisoire, des vivres ou du caoutchouc.

Les premiers blancs qui essayèrent de prendre pied dans la région furent sévèrement reçus. On brûla leurs factoreries. On incendia les postes de l'Etat. On tua et on mangea les officiers et les soldats de la force publique. Mais, devant des forces supérieures, il fallut céder. A partir de 1905, chez les Budjas, quelques années auparavant chez les tribus plus rapprochées du fleuve, l'Etat Indépendant parvint à faire reconnaître son autorité et à introduire le régime de propriété et de travail qui a été et qui reste en vigueur dans toute l'étendue de la colonie.

Ce régime a été trop souvent décrit pour qu'on doive y insister longuement.

Dès les premières années de son existence, l'Etat Indépendant du Congo se déclara propriétaire de toutes les terres vacantes, ce qui ne prête d'ailleurs à aucune objection, pour autant qu'il s'agisse de terres réellement vacantes.

Mais on peut se demander s'il y a des terres réellement vacantes au Congo ? Tous ceux qui y ont voyagé sont d'accord pour dire que chaque village, chaque tribu connaît parfaitement ses limites. On ne cesse d'être chez un chef que pour entrer chez un autre chef, et si l'Etat, comme c'était justice, avait reconnu ces droits collectifs d'occupation, affirmés notamment par l'exercice du droit de chasse et du droit de cueillette, la propriété domaniale des terres vacantes serait restée à peu près théorique.

Seulement, à partir de 1892, et dans le but de se procurer, à toute force, d'abondantes ressources, on adopta une autre interprétation. On déclara terres vacantes tout ce qui n'était pas effectivement occupé par les indigènes. Ceux-ci devaient être considérés comme légitimes propriétaires de la partie du territoire occupée par leurs villages et leurs plantations. On condescendait même à respecter leurs droits de pêche et de chasse. Mais, pour le surplus, ils n'avaient rien à réclamer. L'Etat avait droit à tout. C'est à lui, par exemple, qu'appartenaient les forêts, qu'il exploita lui-même, ou dont il concéda l'exploitation à des compagnies capitalistes ; et à lui, par conséquent, ou à ses concessionnaires, qu'appartenaient les fruits du domaine forestier, et, en première ligne, l'ivoire et le caoutchouc.

Dans ces conditions, l'indigène qui récoltait du caoutchouc n'avait aucun droit sur ce caoutchouc. Il ne pouvait, sous peine d'être poursuivi comme voleur, l'échanger ou le vendre à des particuliers. Il devait le remettre à l'Etat ou aux compagnies concessionnaires. Il ne recevait pas la contre-valeur du produit, mais seulement, pour le travail de récolte, un salaire, arbitrairement fixé, de trente ou quarante centimes par kilo, alors que, dans la Guinée française, par exemple, les noirs qui apportent du caoutchouc dans les factoreries reçoivent quatre francs et quatre francs cinquante.

Si l'on songe que dans la Mongala, pour récolter trois kilos de caoutchouc, le récolteur devait rester en forêt pendant une vingtaine de jours, on comprend que trente à quarante centimes le kilo, soit quatre-vingt-dix centimes à un franc vingt centimes, pour vingt jours de travail, n'étaient pas une rémunération suffisante pour amener les nègres à travailler.

Aussi, la confiscation, par l'Etat, des terres et des produits forestiers appelait-elle, comme complément inévitable, l'introduction du travail forcé.

De 1892 à 1903, les agents de l'Etat eurent pour instructions d'imposer aux indigènes des prestations, dont le montant n'était pas fixé par la loi; les agents des compagnies — dans lesquelles l'Etat avait la moitié des actions — furent investis, plus ou moins formellement, du même privilège, et en firent, surtout dans les territoires de l'Abir (Anglo-Indian Rubber Company) et de la Mongala (Société Anversoise), le plus scandaleux et le plus détestable abus.

Après 1903, la loi fixa à quarante heures par mois la durée du travail que l'on pouvait et que l'on devait imposer aux indigènes. Seulement, en 1905, la Commission d'enquête, envoyée au Congo par le roi Léopold lui-même sous la pression de l'Angleterre, constatait que cette loi était effrontément violée.

Ces constatations produisirent un émoi considérable. Néanmoins, elles furent impuissantes à empêcher de nouvelles violations d'une loi qui, pour les régions caoutchoutières du moins, n'a jamais existé que sur le papier.

C'est ainsi, par exemple, que, l'année dernière encore, dans la région que je viens de visiter, les indigènes, imposés à raison de trois kilos par mois et par tête, devaient rester environ trois semaines en forêt, pour s'acquitter de leurs obligations vis-à-vis de l'Etat. J'ai constaté, d'aillleurs, en examinant les livres des postes, que le chiffre de trois kilos n'était même pas un maximum, et que certains villages fournissaient quatre et cinq kilos par homme.

Depuis, des réclamations se sont élevées, notamment en Angleterre; des poursuites judiciaires ont établi que, dans toute la zône de la Mongala, les agents, chef de zône en tête, avaient eu recours, pour forcer la production du caoutchouc, aux procédés les plus abusifs; et, finalement l'impôt a été réduit à un kilo par mois.

Dans ces conditions, les indigènes ne doivent plus aller en forêt, pour le caoutchouc, que tous les trimestres. Auparavant, ils y devaient aller tous les mois. La différence est sensible. Ils en éprouvent un réel soulagement et ne se font pas faute de le reconnaître. Néanmoins la répugnance pour la corvée du caoutchouc reste toujours aussi vive. Ils sont unanimes sur ce point. C'est leur sentiment à tous qu'exprimait, lors de notre arrivée à N'Gali, le jeune chef qui se fit leur porte-parole :

« Que Boula Matari nous demande n'importe quoi : des porteurs, des vivres, des travailleurs pour les chemins et pour le poste. Nous sommes prêts à les lui donner. Mais qu'il ne nous demande plus de caoutchouc. C'est la seule chose que nous ne voulions plus faire. »

Et partout, on entend dire à peu près la même chose.

A quoi tient cette aversion, si profonde et si générale, des indigènes, pour le travail du caoutchouc ?

A bien des causes.

D'abord il est incontestable que le noir aime mieux faire le lézard au soleil que de travailler au-delà de ce qui est indispensable à la satisfaction de ses besoins élémentaires. De plus, le travail du caoutchouc ne fait point partie de ses occupations traditionnelles. Il lui est particulièrement désagréable parce qu'il l'oblige, quand les lianes des environs de son village sont épuisées, à rester de longs jours hors de chez lui. Pendant ce temps il est séparé de ses femmes, privé de sa nourriture habituelle, obligé de se contenter d'un abri provisoire. La forêt où il travaille est marécageuse ; et il est souvent dans l'eau jusqu'aux genoux. Il court le risque de se casser le cou, en montant aux arbres pour détacher les lianes. Il a grand'peur, dans les environs de Bayengé, par exemple, d'être enlevé par un léopard. Il déteste, pendant les pluies de la saison chaude, d'être exposé, presque nu, à des averses diluviennes. Il considère en outre le travail du caoutchouc, si souvent accompagné de sévices et de violences, comme une sorte de symbole de son esclavage.

Encore passerait-il, sans doute, sur tous ces inconvénients, s'il était convenablement payé. L'expérience d'autres colonies, et même d'autres parties du Congo, comme le Lomami, prouve que les indigènes ne se refusent pas à faire du caoutchouc, quand ils en reçoivent réellement la contre-valeur ; mais une chose est certaine, c'est que, dans les régions où existe le travail forcé, et où on a exploité à outrance, il devient de plus en plus difficile, pour ne pas dire impossible, d'obtenir que les prestataires s'acquittent de leurs obligations.

D'une part, les lianes exploitables se font plus rares, et, dans certaines régions, il n'y a pour ainsi dire plus de caoutchouc. D'autre part, les indigènes deviennent toujours plus rétifs, tandis que la contrainte se relâche, et que, par crainte des substituts, les agents préposés à la récolte ne se risquent plus à employer la manière forte. Bref, on est arrivé, en quelque sorte, à un point mort : la contrainte n'agit plus, parce qu'elle n'est plus assez rigoureuse ; l'intérêt personnel n'agit pas, parce que la rénumération n'est pas assez forte ; si bien que dans la Mongala, comme dans la plupart des autres régions caoutchoutières, il faut s'attendre, pour les années qui vont venir, à un déficit croissant de la production.

Or, chacun le sait, le caoutchouc a toujours été la ressource maîtresse de l'Etat Indépendant. Il représente les quatre cinquièmes du total des exportations. Maintenant que les quantités produites diminuent, et vont diminuer plus encore, tandis que les prix ont une tendance à baisser sur les marchés d'Europe, l'équilibre budgétaire qui avait été atteint, dans ces dernières années, par des moyens artificiels, paraît devoir être rompu, et pour longtemps.

Je sais bien que l'Etat belge touchera désormais les revenus de la Fondation de la Couronne, que l'on a contraint Léopold II à supprimer. Ils s'élevaient, paraît-il, à cinq ou six millions, provenant en majeure partie du caoutchouc. Peut-être en restera-t-il deux ou trois ; mais ce ne sera même pas assez pour couvrir les charges que, du chef de la reprise, la Belgique a assumées au profit de la famille royale.

D'autre part, si l'on se décide à abolir le travail forcé et à rendre effective la liberté commerciale, on peut espérer que la production de caoutchouc restera assez forte, que, d'une manière générale, les recettes douanières tendront à augmenter, que l'impôt en argent remplacera partiellement l'impôt en travail et que, les indigènes étant plus satisfaits, on pourra réduire sensiblement les frais d'occupation du pays, les énormes dépenses que nécessite l'entretien des dix-sept mille gendarmes noirs de la force publique.

Mais personne au Congo ne croit sérieusement que ces compensations éventuelles puissent être suffisantes et, en outre, le déficit, pendant quelques années tout au moins, paraît inévitable, si l'on songe à tout ce qu'il faudra faire pour réorganiser et pour développer la nouvelle colonie belge.

Qu'il me soit permis d'indiquer quelques-unes de ces dépenses, auxquelles il paraît impossible de se soustraire plus longtemps.

Tout d'abord on peut dire que, pratiquement, il n'y a pas d'écoles au Congo. Les écoles professionnelles de Boma, ou d'Eala, n'existent encore qu'à l'état embryonnaire. Les missionnaires catholiques ou protestants apprennent la lecture et l'écriture à quelques centaines de négrillons, mais, sans compter que cet enseignement, à base confessionnelle, prête à beaucoup de critiques, ce qui a été fait n'est rien auprès de ce qui reste à faire.

En second lieu, l'insuffisance flagrante du service médical et hospitalier est un fait qui n'est contesté par personne. Les médecins ne sont pas assez nombreux : il n'y en a pas, par exemple, dans les camps de Lisala et d'Irebu, où il y a près de mille soldats noirs et un assez grand nombre d'officiers et d'agents de l'Etat. Les hôpitaux pour noirs sont, à quelques exceptions près, défectueux et insuffisants. On n'a guère pris, sauf à Léopoldville, que des mesures de parade contre la maladie du sommeil, et cependant, s'il est une question angoissante, c'est bien celle-là. Les ravages de la tuberculose dans nos pays ne sont rien auprès des ravages de la maladie du sommeil dans l'Afrique Centrale, et, notamment, au Congo. Après avoir décimé le district des cataractes, elle a fait disparaître des villages entiers sur les rives du fleuve ; elle a atteint la région des Falls ; elle commence à prendre pied dans la Province Orientale; elle menace, si l'on n'y prend garde, de dépeupler les contrées les plus riches du Congo, comme ont été dépeuplées certaines parties de l'Ouganda, aujourd'hui transformées en désert.

A tous ces points de vue, des sacrifices immédiats s'imposent.

En outre, il faudra créer des routes, achever les voies ferrées, prolonger la ligne télégraphique au-delà de Coquilhatville, vers les Falls, relier Boma et Banana au câble sous-marin de Libreville, achever le chemin de fer des grands lacs, le vicinal du Mayombe, la route pour automobiles de Buta à l'enclave de Lado, dépenser, en un mot, des millions pour le service des communications et des transports.

Que l'on ajoute, à ces avances indispensables, le coût des réformes, les sacrifices qu'exigeront l'introduction de la monnaie, l'abolition du travail forcé, la réduction de la durée des termes, l'établissement d'un service de pensions pour les blancs, et l'on arrivera à cette conclusion que, si la Belgique veut faire au Congo simplement ce qui doit être fait, elle peut s'attendre, pendant un certain nombre d'années, à devoir combler, à coups de millions, les déficits du budget congolais.

C'est là, sans doute, une perspective désagréable pour notre gouvernement conservateur, dont la situation financière n'est point déjà très bonne, et qui entre, selon toutes apparences, dans une ère de grandes difficultés. D'aucuns pensent même que la reprise du Congo pourrait bien lui être aussi funeste que l'expédition du Tonkin le fut naguère au gouvernement de Jules Ferry. Mais faut-il en conclure qu'à son point de vue, tout au moins, la bourgeoisie belge ait eu tort de reprendre et que le roi Léopold lui ait passé une mauvaise affaire ?

Ce n'est pas ma pensée.

Je crois, au contraire, que pour des gens actifs, industrieux, énergiques, comme le sont les capitalistes belges, le Congo est un champ d'action admirable, plein de possibilités de toutes sortes. Je ne doute pas que, dans l'avenir, ils ne parviennent à en tirer un magnifique parti. Je me borne à dire que de grandes fautes ont été commises, que l'instauration du régime de servage auquel s'attachera le nom de Léopold II a été, pour employer une expression euphémistique, une erreur colossale et que le retour à l'état normal exigera, selon toutes prévisions, des avances et des sacrifices considérables, dont on essaiera, comme d'habitude, de faire tomber tout le poids sur les populations travailleuses.

Il est vrai que, si les revenus du caoutchouc des forêts menacent de diminuer sensiblement, on peut espérer que d'autres revenus augmentent, et viennent, au moins en partie, compenser ce déficit. Certes, depuis quinze ans, l'Etat du Congo a vécu principalement sur le caoutchouc. En 1906, par exemple, sur un total de frs. 58.277.830 à l'exportation, le caoutchouc est entré pour frs. 48.489.310, tandis que les autres produits agricoles n'arrivent pas à quatre millions et les produits miniers (étain, cuivre et or brut) à frs. 874,117 seulement. Mais cette situation peut se modifier, et l'on compte principalement, à cet effet, sur les richesses du sous-sol et sur les produits des plantations.

Pour ce qui concerne, tout d'abord, les richesses du sous-sol, je ne sais rien de science personnelle. Je ne suis pas allé dans les futures provinces minières du Congo. J'ai lu, seulement, comme tout le monde, ce que disent les journaux et les revues spéciales. Dès à présent on exploite des mines d'or à Kilo dans le Haut-Ituri et au Katanga il y a des gisements de cuivre si importants que, d'après un des consuls anglais qui l'ont traversé, ce pays presque désert aujourd'hui sera dans quelques années un nouveau Rand, comparable, en importance, à celui de Johannesburg.

Reste à savoir si la production des mines de Kilo deviendra considérable, si les gisements de cuivre du Katanga pourront être exploités dans des conditions rémunératrices, si le Katanga lui-même, que l'on a fait à moitié anglais, par des concessions imprudentes, ne deviendra pas, quelque jour, anglais tout à fait.

Mais, en mettant tout au mieux, une chose reste certaine : aussi longtemps que les chemins de fer qui, de plusieurs points, se dirigent vers le Katanga, et spécialement le chemin de fer de Lobito Bay, ne seront pas terminés, l'exploitation des mines ne sera guère possible, et, par conséquent, il faudra quelques années avant que la part de bénéfices qui doit revenir au gouvernement colonial puisse compenser, dans une certaine mesure, le déficit du caoutchouc.

Quant aux plantations, il ne faut pas être longtemps au Congo pour se convaincre que l'on a fondé sur elles — tout au moins pour l'avenir immédiat — des espérances fort exagérées.

Jusqu'ici les essais de culture du coton ont donné des résultats plutôt négatifs. Les plantations du cacao ont réussi dans le Mayombe, échoué partout ailleurs. Les caféiers ont donné des résultats satisfaisants, au point de vue de la qualité et de la quantité, mais l'abaissement des prix du café sur les marchés européens arrêta net l'extension de cette culture et de ce côté, pour le moment, il n'y a rien à espérer. Les lianes à caoutchouc, provenant de semis, que l'on voit apparaître par millions dans les rapports de l'Etat Indépendant, se développent avec une désespérante lenteur: elles ne seront pas exploitables, si elles le sont jamais, avant un quart de siècle; d'autres disent un demi-siècle.

En dehors de cela, il n'y a que les cultures vivrières — qui ne sont point faites pour donner des profits — et les arbres à caoutchouc (manihot, irieh, hevea, etc.), que l'on a plantés un peu partout dans les régions forestières.

Au sujet des arbres à caoutchouc, M. Lothaire, qui fut, naguère, directeur de la Société Anversoise, et commissaire du district des Bangala, m'écrivait récemment:

« Les plantations de manihot que j'avais fait tenter il y a sept ans, dans le Mayombe, ont donné, malgré mes espérances, un résultat plutôt négatif. Les essais tentés sur d'autres essences ne peuvent donner encore un indice sérieux quant à leur valeur. »

On dit, cependant, que les plantations faites par la S.A.B. dans le Haut-Congo, par l'Etat dans l'Oubanghi, par la C.K. dans le Kassaï, commencent à produire une certaine quantité de latex, de bonne qualité.

« Si ces espérances se confirment — écrivait récemment le major Ghislain — on finira par substituer graduellement, à l'exploitation forestière irraisonnée, contraignant le plus souvent l'indigène à s'éloigner à de grandes distances, le régime rationnel de la plantation établie dans le voisinage des villages et qui pourra se développer à raison de quatre cents arbres en moyenne par hectare. Et alors, la récolte de caoutchouc du Congo dépassera considérablement celle produite aujourd'hui par les lianes aériennes de la forêt et par les lianes souterraines de la savane (caoutchouc d'herbes). Le bassin du Congo est comparable à celui de l'Amazone, par l'étendue, par l'abondance des eaux, par le climat tropical. Aussi l'Etat du Congo est-il appelé, croyons-nous, à être, dans l'avenir, à l'égal du Brésil, un grand pourvoyeur du marché de caoutchouc. »

Bref, il semble que, tôt ou tard, les grands produits du Congo seront le cacao, du moins dans le Mayombe, le cuivre, et, peut-être, le caoutchouc de plantations; mais, pour y arriver, presque tout reste à faire et, en tous cas, beaucoup d'eau passera dans les rapides de Léopoldville, avant que ces espérances ne deviennent des réalités.

En attendant, le déficit menace, et cette menace est d'autant plus sérieuse qu'en Belgique même, nous l'avons dit, le gouvernement se trouve aux prises avec de graves difficultés.

Dans ces conditions, que fera-t-il?

Tentera-t-il d'atermoyer, de prendre des demi-mesures, de faire une sorte de cote mal taillée entre le travail forcé et le travail libre, de se soustraire aux réformes indispensables et de se refuser aux dépenses qui s'imposent?

Je dois avouer que cela me paraît assez probable, bien que ce soit, assurément, la plus mauvaise et la plus *coûteuse* des politiques. Toute dépense, différée, sera une dépense augmentée. Toute réforme, à demi faite, maintiendra une partie des inconvénients et les abus du régime actuel du travail forcé, sans avoir les avantages d'un régime de travail libre.

Somme toute, on l'a dit bien souvent, il n'y a que deux moyens de faire travailler les hommes : les terroriser ou les prendre par leur intérêt.

Aujourd'hui, au Congo, on ne terrorise plus guère les indigènes : les magistrats, les missionnaires, les consuls anglais ou américains sont là pour l'empêcher. On ne les prend pas non plus par leur intérêt : ce n'est pas en leur donnant, par kilo de caoutchouc, quelques centimes, en marchandises de pacotille, qu'on les fera bénévolement aller dans la forêt. Aussi, les noirs, n'étant plus terrorisés, et n'étant pas, ou pas encore, intéressés, s'arrangent pour faire le moins possible, et, naturellement, les recettes du domaine s'en ressentent.

Pour qu'il en soit autrement, des réformes radicales sont indispensables, et il est assez facile de les préciser, car il ne s'agit, en somme, que d'établir au Congo le régime qui existe, dès à présent, dans toutes les colonies anglaises et françaises de l'Afrique Occidentale, à la seule exception du Congo français.

Tandis qu'au Congo, l'Etat se prétend propriétaire de toutes les richesses naturelles du sol, dans la Guinée française et dans les colonies voisines, on reconnaît aux indigènes le droit d'exploiter les forêts à leur profit, sous le contrôle de l'Etat, gardien de l'intérêt général.

Dans ces conditions, la contrainte devient inutile pour inciter les noirs au travail. Ils savent que, dans les factoreries, on leur donnera un bon prix du caoutchouc qu'ils récoltent, et, pour obtenir cette rémunération, ils s'astreignent à ce pénible labeur.

C'est un régime analogue qu'il conviendrait, à notre avis, d'introduire au Congo belge : reconnaissance du droit des indigènes sur les produits naturels de leur sol ; abolition du travail forcé et développement de la liberté du commerce ; généralisation de la monnaie et remplacement de « l'impôt en travail » par des impôts en argent d'un taux modéré.

A ce système qui est, on ne saurait trop le répéter, le droit commun dans toute l'Afrique Occidentale, on fait, il est vrai, des objections, dont les principales peuvent se formuler comme suit :

1° Les forêts sont terres vacantes. En les incorporant au domaine national, l'Etat du Congo n'a fait que se conformer à la règle suivie partout ailleurs. Il n'a d'ailleurs rien pris aux indigènes puisque ceux-ci, avant l'arrivée des blancs, ne récoltaient pas, ou ne récoltaient que très exceptionnellement le caoutchouc, le copal et les autres produits domaniaux ;

2° La liberté commerciale n'est pas autre chose que la liberté de la rafle. Si on laisse les indigènes récolter, comme ils l'entendent, le caoutchouc et les autres produits qu'ils vendront aux commerçants qui s'abattront sur le pays, les forêts seront mises au pillage et ne tarderont pas à être ruinées ;

3° La liberté du travail, c'est aussi le droit de ne pas travailler. Abolir la contrainte, quand il s'agit d'indigènes n'ayant pour ainsi dire aucun besoin, c'est renoncer, dans beaucoup de régions, à obtenir la main-d'œuvre indispensable pour la récolte du caoutchouc et des autres produits forestiers. Le jour où ils ne seront plus astreints à payer l'impôt en travail, les noirs lézarderont au soleil, et, en tous cas, se garderont bien de faire du caoutchouc.

Examinons brièvement ce que valent ces trois objections.

On dit, d'abord, que les forêts sont terres vacantes.

Ce n'est pas exact. Dès avant l'arrivée des Européens, les indigènes y exerçaient de nombreux droits d'usage et, aujourd'hui encore, tous savent parfaitement où s'arrête le territoire de chaque village, où commence le territoire du village voisin. Mais admettons, par hypothèse, qu'il n'en soit pas ainsi et que les forêts soient réellement terres vacantes. L'Etat a le droit de se les approprier. Mais qu'est-ce que l'Etat, au Congo, sinon l'ensemble des communautés indigènes? Or, s'il en est ainsi, c'est avant tout dans l'intérêt des communautés indigènes que les forêts doivent être exploitées. L'Etat affirme sur elles son domaine éminent. Cela ne prête à aucune objection. Cela peut même, pour éviter des usurpations, présenter de réels avantages. Mais si l'on veut que les indigènes soient suffisamment intéressés au travail, si l'on veut, réellement, substituer à la contrainte l'aiguillon de l'intérêt personnel, il faut leur reconnaître le droit de récolter les produits naturels du sol, et de les vendre, à leur profit, aux plus offrants.

Mais, dit-on alors, cette liberté commerciale, c'est la liberté de la raffle. Et l'on cite l'exemple du Lagos, du Cameroun, d'autres colonies de l'Afrique Occidentale. On pourrait y ajouter l'exemple du Congo lui-même, où, sous le régime de l'exploitation par l'Etat, ou par des compagnies à monopole, on a organisé dans le Domaine de la Couronne, dans la Mongala, ou dans l'Abir, la raffle, jusqu'à épuisement, de presque tout le caoutchouc des forêts. Il ne faut par s'en étonner, d'ailleurs. Dans tous les pays neufs, on commence par raffler les produits naturels du sol. Ce n'est que plus tard que l'on fait des plantations et que, d'autre part, l'Etat intervient pour réglementer la récolte des produits naturels du sol et assurer la conservation et la reproduction des richesses forestières. C'est ce qui est arrivé, au bout de quelque temps, dans toutes les colonies, et à peine est-il besoin de dire que, si nous admettons la liberté commerciale, nous réclamons aussi l'intervention énergique de l'Etat, pour défendre l'intérêt général, contre la ruée des intérêts particuliers. Dans notre conception, en effet, la communauté conserve le domaine éminent du sol. L'usage seulement doit en être laissé aux individus, dans la limite et les conditions fixées par la loi.

On objecte, enfin, que la liberté du travail implique le droit de ne pas travailler.

C'est incontestable, mais l'expérience montre qu'en général les indigènes, qui sont des commerçants passionnés, travaillent pour se procurer des produits commerçables, dès l'instant où ils ont l'assurance d'être équitablement rémunérés. Au surplus, nous ne méconnaissons pas que, dans certaines régions reculées, où les noirs n'ont que des besoins rudimentaires, qu'ils satisfont sans grands efforts, l'abolition de la contrainte puisse se traduire, pendant une période plus ou moins longue, pour une diminution des produits.

Mais à ceux que cette objection pourrait émouvoir, nous ne pourrions mieux répondre que par ce passage d'un économiste, que l'on n'accusera pas de sentimentalisme, M. Leroy-Beaulieu :

« Quand il faudrait — dit-il — en certaines régions, des dizaines d'années pour susciter chez les noirs plus de besoins, et les habituer à un travail régulier ; quand même, à la rigueur, il y faudrait un siècle, on devrait, plutôt que de recourir à un mode quelconque de travail forcé, se résigner à cette longue période. Les territoires que se sont partagés les nations européennes, notamment en Afrique, exigeront certainement plusieurs siècles pour être complètement mis en valeur. Les efforts devront se concentrer d'abord dans les districts où la population noire est assez dense, assez laborieuse, assez apte à une discipline pour fournir une main-d'œuvre à peu près régulière et, de là, graduellement, ils gagneront les territoires moins bien pourvus sous ce rapport. » (1)

En somme, donc, aucune des objections que l'on fait à l'abolition du travail forcé et à l'introduction du travail libre ne nous semble péremptoire. Pour ce qui concerne les terres qui font partie actuellement du Domaine national, les réformes que nous poursuivons ne présentent d'autre difficulté que les sacrifices temporaires qui en résulteront, vraisemblablement, pour la Belgique.

Mais, au Congo belge, comme au Congo français, il y a des compagnies concessionnaires, occupant une notable partie du territoire et dont la mise à néant paraît être — comme le disait récemment un mémorandum du gouvernement anglais — la condition préalable de toutes réformes décisives.

Ces compagnies concessionnaires, naturellement, ne se laisseront point supprimer par persuasion.

(1) Leroy-Beaulieu : *De la colonisation chez les peuples modernes*, II, p. 594.

Notons cependant qu'au Congo belge l'Etat, étant possesseur de la moitié des actions de ces compagnies, a, par le fait, barre sur elles.

D'autre part, les concessions ont été faites « sous réserve des droits des indigènes » et il suffirait de consacrer ces droits dans leur plénitude pour que la question fût plus qu'à moitié résolue.

Enfin, la loi coloniale qui vient d'être votée par le Parlement belge stipule formellement qu'il est interdit de contraindre les indigènes à travailler pour le compte des particuliers ou des compagnies. Que cette disposition ne reste pas lettre-morte, que l'on empêche réellement les concessionnaires de recourir à la contrainte, directe ou indirecte, et tout porte à croire qu'eux-mêmes ne tiendront plus beaucoup à leur concession (1).

Le point noir, c'est que le gouvernement belge, par ses antécédents et ses traditions, paraît aussi peu disposé que possible à se montrer énergique vis-à-vis des compagnies concessionnaires et à réaliser immédiatement, et intégralement, les réformes dont il est contraint aujourd'hui d'admettre le principe.

Autant qu'il le pourra, sans doute, nous le verrons biaiser, tâcher de gagner du temps, mettre du bois d'allonge, sous prétexte de sérier les questions et d'établir « graduellement » et « progressivement » le nouveau régime ; mais, si je ne m'abuse, les faits seront plus forts que sa volonté ; les inconvénients économiques du travail forcé militeront, plus encore que les considérations d'humanité et de justice, en faveur de sa suppression.

(1) Un vieil Africain me suggérait récemment une autre idée, qui m'a paru très digne d'intérêt : « Pourquoi, me disait-il, ne pas *cantonner* les droits des compagnies concessionnaires, comme on cantonne les droits d'usage que les particuliers ou les communes possèdent sur une forêt. Au lieu de leur laisser le droit de récolter le caoutchouc et d'autres produits végétaux sur un immense territoire — droit que l'abolition du travail forcé et la définition des droits des indigènes auraient, au préalable, réduit à fort peu de chose — on leur donnerait un droit de propriété complète sur une fraction de ce territoire, qui ne serait plus assez étendu pour y récolter fructueusement les produits naturels du sol, mais sur laquelle la compagnie, radicalement transformée, pourrait faire des plantations. On pourrait ainsi rendre la plus grande partie, la presque totalité des terres aux indigènes et au commerce libre sans devoir, en quoi que ce soit, bourse délier. »

Dans bien des pays, l'esclavage n'a été aboli que le jour où, économiquement, il a paru inférieur au travail libre. On l'a aboli parce qu'il ne payait plus. De même, tout fait prévoir qu'au Congo le servage ne sera supprimé, lui aussi, que quand il aura cessé de donner des bénéfices. Ce moment, d'ailleurs, paraît être arrivé. Ceux mêmes, parmi les fonctionnaires congolais, qui imposent le travail forcé, sont devenus, dans ces derniers mois, les plus chauds partisans du travail libre. Puissent-ils convertir, à leur tour, les gouvernants de notre nouvelle colonie. Il y va de l'avenir du Congo. Il y va de l'honneur de la Belgique.

LA TRAVERSÉE

Au large de Ténériffe

Danton disait qu'on n'emporte pas la patrie à la semelle de ses souliers. C'était vrai avant les transatlantiques. Ce n'est plus aussi vrai aujourd'hui. Il y a six jours que nous avons quitté Anvers ; nous serons demain à Ténériffe ; et dans les cabines comme à la table du capitaine, sur le pont comme dans l'entrepont, toutes les variétés de l'accent belge nous donnent l'illusion d'être encore à la Maison du Peuple de Bruxelles, ou dans les couloirs du Palais de la Nation.

Deux dames à bord, seulement ; l'une va rejoindre son mari à Léopodville ; l'autre accompagne le sien dans l'Ouellé. Tous les autres passagers sont des agents de l'Etat ou de sociétés congolaises : le commandant Olsen, un Danois, qui n'atteindra pas avant trois mois son poste du lac Khivu ; plusieurs Italiens parmi lesquels le Dr Neri, qui sera, jusque Lisala, notre compagnon de voyage, et naturellement, beaucoup de Belges, dont la majorité n'en est pas à son premier voyage d'Afrique.

Oserai-je dire qu'au premier abord certains de nos compatriotes marquent plutôt mal ? Il serait difficile de les faire passer pour des fleurs d'élégance et, quand on cause avec eux, il apparaît un peu trop que l'enseignement colonial en Belgique n'existe encore qu'à l'état rudimentaire. Mais quand, la connaissance une fois faite, ces jeunes gens, dont beaucoup commencent avec quinze cents francs par an, vous racontent leur rude vie en pleine solitude, dans la forêt et dans la brousse, presque toujours avec un équipement incomplet, mal nourris, mal vêtus, obligés quelquefois, faute d'avoir pu se payer une tente, de se loger dans des paillottes construites à la hâte chaque soir, la première impression s'efface ; on oublie la vulgarité de leur ton, la rudesse un peu lourde de leurs manières, et ils vous apparaissent ce qu'ils sont, avec les qualités de leur race : courageux, débrouillards, bons diables et joyeux vivants.

Dans quelques semaines, ils seront à leur poste, buvant plus souvent de l'eau que de la bière ; mais, en attendant, ils jouissent de leur reste, et l'on peut croire que la buvette

A BORD DU « LÉOPOLDVILLE »

ne chôme pas. Notez que chaque passager a droit, tous les jours, à une bouteille de vin et deux bouteilles de bière. On ne paie que les suppléments. Or, hier au soir, un de mes gaillards nous montrait son carnet de bons : il avait déjà bu depuis Anvers, seul ou avec des camarades, pour 85 francs ! Comme je m'étonnais de ses facultés d'absorption, il me répondit : « A l'aller, ce n'est rien ; mais c'est au retour, à la fin du terme, que l'on boit sec. A notre dernier voyage, nous avions bu tout ce qu'il y avait dans le bateau, dès Sierra-Leone. Pour ma part, mon voyage de retour, Boma-Anvers, m'a coûté dix-sept cents francs, ticket non compris, et je puis vous dire que la plus grande partie de ces dix-sept cents francs a passé en consommations de tous genres. »

D'aucuns, peut-être, trouveront cela drôle ; mais quand on pense que beaucoup d'agents, dans le Bas-Congo tout au moins, ne cessent pas de boire pendant tout leur terme, on se dit que la « bierreuse » — c'est le mot consacré — est, sans doute, de toutes les maladies tropicales, celle qui fait le plus de victimes.

Il va sans dire que, durant les « causettes » sur le pont, on parle quelquefois — pas souvent, et beaucoup de bouches sont cousues — des questions relatives au traitement des indigènes.

Un point sur lequel tout le monde semble être d'accord, c'est qu'il ne faut plus grand'chose aujourd'hui pour devoir « descendre à Boma », afin de répondre de ses faits et gestes devant la justice.

Quant à la fameuse loi des quarante heures, rien de plus instructif que la manière dont les agents de l'Etat en conçoivent l'application. L'un d'eux me dit que, dans sa région, les indigènes ne sont imposés que pour un kilo de caoutchouc par mois, ce qui n'exige pas plus de quarante heures de travail, soit cinq jours de huit heures ; seulement, il faut ajouter deux ou trois jours pour se rendre dans la partie de la forêt où se fait la récolte, et autant pour en revenir. C'est donc, au moins, le tiers du temps des indigènes qui se trouve absorbé par l'impôt, quand la loi n'est pas effrontément violée.

Pour le portage, c'est pis encore. La loi des quarante heures, me dit un autre agent, est consciencieusement appliquée *globalement*. Si, par exemple, un chef a mille hommes sous son commandement, il doit fournir quarante mille heures de travail ; mais c'est à lui de les répartir entre ses sujets ; et, en fait, c'est toujours sur les mêmes pauvres diables, occupés presque sans repos, que retombe toute la corvée.

J'aurais déjà bien long à dire sur ce sujet, mais on comprendra que je tienne à avoir des informations plus précises et plus complètes pour conclure.

On me demande beaucoup, naturellement, si la reprise du Congo va être votée, et pour quels motifs les socialistes y sont hostiles.

Je dois constater, à ce propos, que la crainte que des soldats belges doivent aller au Congo, en cas de révolte des indigènes, paraît plutôt chimérique aux officiers de la force publique avec qui je me suis entretenu de la question. Tout d'abord ils déclarent que, pour faire la guerre au Congo, des soldats belges ne pourraient leur servir à rien ; des officiers et des sous-officiers pour former les cadres, à merveille; des soldats non habitués au climat, on n'en saurait que faire. En second lieu — abstraction faite de l'hypothèse plus improbable encore d'une révolte générale de tribus sans aucun lien entre elles — ils ne croient pas à la possibilité d'une révolte générale des soldats noirs de la force publique, parce que, dans chaque poste, il y a des soldats de quatre ou cinq tribus différentes, et que leur aversion les uns pour les autres dépasse l'aversion qu'ils peuvent avoir pour les blancs. « Quand certains complotent quelque mauvais coup — me disait un officier — ceux des autres tribus me les viennent dénoncer. » Notons, cependant, que le même officier m'exprimait le regret de voir l'Etat renoncer aux services de volontaires indigènes, Haoussas ou autres, que l'on recrutait naguère dans les colonies anglaises ou françaises de la côte occidentale et qui, plus dévoués aux officiers européens, formaient un noyau solide, préférable aux meilleurs des miliciens indigènes. Seulement ils coûtaient fort cher — parfois jusque 2 frs. 25 par jour — et c'est pour ce motif que l'Etat les licencie graduellement.

Voilà ce qu'on m'a dit, et je le répète sans autre préoccupation que de me faire l'écho fidèle d'une conversation qui m'a paru, sinon concluante, du moins non dépourvue d'intérêt.

Sierra-Leone

Des averses de pluie chaude. Un ciel morne, avec des nuages bas qui s'effilochent en loques grises sur les crêtes des collines. Dans une splendide corbeille de plantes tropicales, des entrepôts, des magasins, une vieille église noirâtre, des maisons blanches ou roses et, en haut, à l'abri des marais, la résidence du gouverneur et les casernes : c'est Freetown, la capitale de Sierra-Leone.

Il y a quelques années, à peine, on appelait Freetown : le

Tombeau des Européens. On mourait effroyablement dans toute cette verdure, arrosée pendant neuf mois de l'année par de brûlants orages, bientôt pompés par le soleil. Aujourd'hui encore, ce n'est pas un endroit à recommander comme séjour de villégiature. Les fonctionnaires anglais qui résident dans Sierra-Leone n'y font que des termes d'un an — au lieu de trois ans que l'on fait au Congo — ; mais, en transportant les habitations des blancs sur les hauteurs, en faisant des travaux d'assainissement dans la ville basse, on a réduit la mortalité et la morbidité à des proportions presque normales.

Par le temps atroce que nous valait la saison des pluies, je n'ai pas eu le courage d'affronter les boues rougeâtres de Sierra-Leone. Me réservant pour le retour, je suis resté à bord pour assister à l'embarcation des Krouboys. C'est à Freetown, en effet, que les bateaux du Congo prennent les hommes nécessaires pour le déchargement à Matadi.

A peine avions-nous mouillé que des canots pleins de noirs accostent le « Léopoldville ». La pluie fait rage plus que jamais. Les débardeurs nègres défilent sous leurs parapluies, ce qui ne les empêche pas d'être mouillés jusqu'aux os. Rien qu'à les voir, on se doute bien que ces pauvres diables ne représentent pas précisément l'élite sierra-leonaise. Ce qu'ils sont sales et laids, et pitoyables ! De la graisse plein la peau ; des lèvres qui leur prennent la moitié de la figure ; des accoutrements de cour des miracles : les uns vêtus à l'européenne, avec de vieux casques défoncés, ou des casquettes de voyages crasseuses, des blouses déteintes et trouées, des gilets de treillis tombant en loques ; les autres habillés à la sauvage, avec des étoffes à ramages, pareilles à de vieux tapis, retombant sur des caleçons verts ou rosâtres ; mais tous pieds nus : de grands pieds noirs, plus pâles à la plante, comme s'ils avaient perdu leur couleur à traîner sur le sol.

De temps à autre, cependant, on aperçoit, dans cette foule misérable, de plus beaux représentants de l'espèce humaine : tel, par exemple, ce magnifique Sénégalais, qui fait penser au roi nègre de la légende du Christ. Les yeux sont doux, la peau est fine, la bouche souriante, l'ovale de la figure allongé par une courte barbiche. Il se pavane fièrement, drapé dans une « gandourah » de soie blanche, avec une écharpe bleue sur les épaules et un bonnet de soie rouge. On comprend à le regarder qu'ayant affaire à de tels hommes les Français aient eu plus de peine à les vaincre qu'à les éduquer une fois vaincus.

Mais voici des passagères : ce sont des négresses qui accompagnent ou vont rejoindre leurs maris au Congo. Est-ce le manque d'habitude ? Toujours est-il que je ne puis m'empêcher de les trouver affreuses. Je communique cette impression à mon voisin, M. D..., un des meilleurs types du bord, ancien agent de police, devenu employé de compagnie dans le Kwango : « Comment, s'écrie-t-il, mais je vous prie de croire que, si nous avions toujours d'aussi belles femmes au Congo, nous ne nous plaindrions pas ! »

Peut-être serai-je un jour de son avis, quand je les aurai vues avec le pagne indigène, aux harmonieuses draperies, dans le rayonnement du soleil ; mais aujourd'hui, sous la pluie, et dans cette fange, le spectacle était lamentable, et, il faut bien l'avouer, plus lamentable encore l'attitude de certains de nos compatriotes à l'égard de ces pauvres créatures.

Je vois encore deux d'entre elles, sur l'escalier volant accroché au flanc du « Léopoldville » : la première, pieds nus, avec une robe d'un vert cru, d'étoffe légère, sur un gros jupon de laine, comme en portent nos paysannes ; l'autre, comiquement habillée en dame, avec une robe voyante, des dessous empesés et brodés, des souliers vernis. Elles traînaient malaisément après elles un encombrant bagage, visiblement apeurées par la perspective d'un long voyage, et quand elles parurent à la coupée, brunes comme du chocolat, avec leur tête toisonnée de laine et leur regard farouche de bêtes traquées, nos « civilisés », mis en joie par leur effarement, se mirent à chanter à pleine voix l'air de Marguerite, dans le *Faust* de Gounod :

Anges purs, anges radieux !...

Encore s'ils s'étaient bornés à chanter ; mais, chaque fois qu'une négresse montait à bord, on lui prenait le menton, on lui pinçait les bras ou la taille, on la bousculait ou la houspillait, jusqu'à ce qu'elle fût parvenue à se délivrer de ces plaisanteries de corps-de-garde, en se réfugiant chez les « sauvages » de l'entrepont.

C'est à ces moments-là que l'on est particulièrement fier d'être Belge et que l'on apprend à mieux comprendre l'enthousiasme des noirs pour « les bienfaits de la civilisation ».

On se demande vraiment ce que doivent penser de nous, quand nous nous conduisons de la sorte, les « gentlemen colorés » qui viennent à bord, quand un navire fait escale à Freetown, pour le service de douane ou de santé.

J'ai vu beaucoup de douaniers en ma vie. Je n'en ai jamais vu de plus corrects et de plus « à leur affaire » que les employés nègres que nons avons vus à Sierra-Leone. Ceux d'entre nous, d'ailleurs, qui sont descendus à terre, pour visiter la ville, sont revenus fort impressionnés de n'avoir pour ainsi dire rencontré que des noirs dans cette petite capitale de trente mille habitants : les cafés, les restaurants, les hôtels, les magasins sont tenus par des noirs ; à la poste, il n'y a que des employés noirs, et mon compagnon de voyage, Vanderlinden, me disait que l'un d'eux lui avait donné un reçu de lettre recommandée, rédigé en français, avec une orthographe à faire rougir de honte les Espagnols, à peu près illettrés, de la poste de Ténériffe ; au barreau de Freetown, tous ou presque tous les avocats sont des noirs et, il n'y a qu'un instant, le chef-steward me racontait qu'ayant accompagné naguère Edmond Picard, dans une visite de la ville, ils étaient entrés au tribunal criminel, où policiers, avocats, prévenus et magistrats étaient tous des fils de Cham.

De tels résultats, cela va sans dire, ne s'obtiennent pas en quelques années ; mais ce qui a été fait ici peut être fait ailleurs ; l'exemple de Sierra-Leone prouve, tout au moins, d'une manière décisive, que la civilisation européenne n'est pas seulement accessible aux blancs, ou aux blancs et aux jaunes ; il laisse entrevoir, ainsi, la possibilité d'une colonisation qui associe les Européens et les indigènes, qui soit avantageuse aux uns et aux autres, qui cesse d'être synonyme d'exploitation et d'oppression.

Je pensais à tout cela, ce matin, pendant que les fonctionnaires nègres, ayant terminé leurs écritures, retournaient à terre, dans leur canot sous pavillon anglais, et je n'en ai été que plus péniblement affecté de l'attitude des joyeux drilles qui bousculaient les négresses, pour affirmer la supériorité de leur race et de leur civilisation.

Après cela on aurait tort de leur en vouloir outre mesure.

Je ne doute pas qu'en continuant à Sierra-Leone leurs « zwanzes » à la bruxelloise, ils ne croyaient pas mal faire, mais à certains regards, que dardaient contre eux leurs victimes, je me suis bien rendu compte du mal qu'ils faisaient.

De plus en plus, ma première impression se confirme : les jeunes gens — sous-officiers ou petits employés — qui s'en vont au Congo, partent, pour la plupart, sans la moindre préparation à la vie coloniale. Ils se forment sur place, mais avec un énorme déchet : plus de quarante pour cent — me disait-on — qui meurent là-bas ou que l'on rapatrie, avant l'expiration de leur terme, parce qu'ils sont totalement impropres au service : et ce sont ces gens-là que l'on met en contact avec les indigènes, dont ils ignorent totalement la mentalité, et qu'on lâche, avec pleins pouvoirs, dans la forêt équatoriale, au milieu de tous les dangers, de toutes les difficultés, et, aussi de toutes les tentations mauvaises de pareille existence.

Je me hâte d'ajouter que ceux qui tiennent bon, et qui retournent en Afrique, pour y faire un deuxième et troisième terme, marquent mieux. La sélection s'opère. Les leçons de l'expérience ont fait leur œuvre. Ils ont appris quelque chose au grand livre de la nature. Obligés de se suffire à eux-mêmes, ils sont devenus débrouillards et avisés.

Certes, tous n'inspirent pas également confiance. Il en est, assurément, qui ne doivent pas être tendres pour les indigènes que la malchance met à leur portée. Mais, en somme, la plupart d'entre eux, avec qui j'ai beaucoup causé depuis Anvers, font l'effet d'être de braves garçons, courageux, entreprenants, aimant la vie qu'ils mènent là-bas, préoccupés de ne pas rendre plus dur le système qu'ils ont la charge d'appliquer. Pour en bien juger, au surplus, il faudrait les voir à l'œuvre, et, malgré moi, le soir, quand nous parlons familièrement des choses d'Afrique, je me rappelle ce mot saisissant de jeune indigène Aba-bua, avec qui nous déjeunions, l'autre jour, chez Masset : « Si vous veniez chez nous, vous deviendriez méchants comme les autres. »

L'autre soir, comme nous allions chercher un peu de fraîcheur sur le pont, nous entendîmes que l'on chantait, du côté des secondes classes. Confortablement installés sur leurs chaises longues, une vingtaine de passagers, tout heureux d'échapper aux pluies de Sierra-Leone, avaient organisé un petit concert vocal. Ce qu'ils chantaient ? *La Marseillaise, La Carmagnole* et *L'Internationale,* que nous reprîmes en un unisson formidable, tandis que, dans le lointain, scintillait un phare, sur la côte de la République de Libéria. *L'Internationale* sous l'Equateur, voilà un fait d'expansion mondiale auquel le roi Léopold n'avait pas songé ! Singulière et prodigieuse fortune que celle de l'humble chanson d'un ouvrier lillois, qui devient l'hymne de ralliement des prolétaires du monde et que l'on peut entendre aussi bien sur la côte d'Afrique que de l'autre côté du cercle polaire, dans les mines de Drontheim et de la Laponie suédoise. Puissent ceux qui la chantaient à bord du « Léopodville » se souvenir que, parmi les « damnés de la terre», il n'en est pas de plus dignes de pitié que les indigènes de certaines régions du Congo !

⁂

L'EQUATEUR

C'était fête, hier, à bord du « Léopodville ». Trente-huit nouveaux, trente-huit « bleus », n'ayant jamais passé la ligne, avaient été condamnés, sur l'ordre de Neptune, à être rasés, frictionnés et baignés dans une grande vasque de toile goudronnée, que l'équipage avait dressée sur le pont.

Avant la cérémonie, on avait organisé des jeux olympiens, pour les Krouboys embarqués à Sierra-Leone : courses d'obstacles, mât de cocagne, concours de brouettes, courses dans des sacs ; que sais-je encore ? Mais, avant ces épreuves, il y eut une partie de « rouge et blanc » : deux grands baquets, remplis d'une bouillie blanche et rosâtre ; un panier rempli de plumes et quelques pièces d'argent, que les nègres devaient prendre avec leurs dents, dans l'un des baquets d'abord, puis dans le panier de plumes.

Quand deux douzaines d'entre eux furent ainsi couverts d'un masque de pâte et de plumes, on renversa les baquets, on jeta dans la bouillie rose et blanche, répandue sur le pont, quelques nouvelles pièces d'argent, et les concurrents, grouillant comme un nœud de couleuvres, se roulèrent les uns sur les autres, dans un pêle-mêle indescriptible, jusqu'à ce que la dernière pièce fût remisée dans leur bouche, ce porte-monnaie que leur donna la nature.

Inutile de dire que, dans les courses qui suivirent, les pauvres diables qui couraient, ou sautaient, les pieds liés, ou les jambes dans un sac, tombaient, comme des chevaux un jour de verglas, quand ils arrivaient dans la zone couverte de bouillie, et finissaient la course à plat ventre, en ramant des pieds et des mains.

Après ces exercices préliminaires, éminemment faits, assurément, pour relever le moral des indigènes et leur donner conscience de leur dignité d'hommes, ce fut au tour des blancs d'amuser la galerie.

Neptune, Amphitrite et leurs hommes d'armes, choisis parmi les plus robustes des anciens, se rendirent en solennel cortège vers le lieu fixé pour le baptême. Vêtus de pyjamas, de caleçons de bain, de costumes blancs déjà défraîchis, leurs victimes les attendaient, près de la baignoire fatidique.

J'ouvrais la série. L'on m'assit, tournant le dos à l'eau. Le barbier de Neptune et son aide me saisirent, me fourrèrent de la pâte plein la figure, me passèrent un grand rasoir de bois sur les joues; puis, d'une brusque secousse, m'envoyèrent rouler, la tête la première, dans le bain, tandis qu'un homme d'équipage, armé d'une lance d'arrosage, me douchait à torrents, au moment où je reparaissais à la surface.

Mes compagnons d'infortune suivirent, les uns avec résignation, les autres, violemment empoignés par les hommes d'armes. On se tordait, naturellement, et l'hilarité redoubla quand on vit paraître deux passagers de seconde, en grande toilette, le monocle à l'œil, avec une valise, un parapluie et un chien ! Neptune, de son trident, les poussa dans le bain, avec tous leurs accessoires, et pendant qu'ils se débattaient dans l'eau, des tempêtes de rire éclatèrent dans la dunette.

Mais, pour les « bleus », allait sonner l'heure de la revanche. Tandis que le baptême s'achevait, je m'étais glissé à l'arrière, et, tout à coup, arrachant au matelot de service sa lance d'arrosage, je dirigeai un jet foudroyant sur

Neptune, sur Amphitrite, sur les hommes d'armes et sur les spectateurs qui, cessant de s'amuser à nos dépens, s'enfuirent dans toutes les directions, trempés jusqu'aux os, leurs vêtements blancs collés sur la peau.

Bref, tout le monde fut baptisé, ou rebaptisé, y compris ceux qui s'étaient fait fête de baptiser les autres, et ce fut au milieu d'une liesse générale que, le soir, on nous délivra nos certificats de baptême, en trinquant avec du champagne... ou avec de la limonade.

Ce matin, tout est rentré dans le calme. Nous arriverons ce soir à Banana. Dans quelques jours, chacun tirera de son côté, et, peut-être, parmi ces joyeux compagnons, en est-il qui ne repasseront plus la ligne et qui resteront, là-bas, sur cette terre encore invisible, mais que l'on devine déjà, à la couleur de la mer, salie par les eaux brunes du fleuve.

LA CAPITALE DU CONGO

Depuis cinq jours que nous sommes au Congo, j'ai vu et entendu bien des choses, recueilli bien des appréciations, souvent contradictoires ; mais il va sans dire que je ne suis pas encore en état de me faire une opinion personnelle. Je me bornerai donc, pour le moment, à enregistrer, sous forme narrative, quelques-unes de mes impressions.

***

NOTRE ARRIVÉE A BOMA

A peine le « Léopoldville » s'était-il rangé au bout du pier de Boma, que nous nous trouvions en pays de connaissance. M. le secrétaire-général Van Damme se mettait en rapport avec nous, me conduisait au Pavillon des inspecteurs à Boma-Plateau, installait Vanderlinden au Grand Hôtel, et, sans perdre de temps, prenait les arrangements nécessaires pour la suite de notre voyage. Grâce à son inépuisable obligeance, une heure après, notre itinéraire était définitivement fixé : M. Diederich avait téléphoné, dès la veille, que nous étions attendus au Mayombe ; M. De Backer, directeur du chemin de fer, demandait, par téléphone toujours, quand nous arriverions à Matadi. Enfin, nous décidions de prendre, à Léopoldville, le bateau du 21 août, pour remonter le fleuve jusque Lisala, entre Nouvelle-Anvers et Stanleyville. C'est de Lisala que nous comptons pénétrer dans l'intérieur, pour visiter la région, si tristement célèbre, de la Mongala et vivre, pendant une quinzaine de jours, en pleine forêt, chez les Budjas.

Ces dispositions une fois prises, il nous restait une après-midi et une pleine journée, pour la visite de Boma. Je ne m'amuserai pas, naturellement, à décrire, après tant d'autres, la capitale administrative de l'Etat Indépendant du Congo. Virginie Cardinal disait que l'on a vite fait le tour d'un ténor. Il ne faut pas beaucoup plus longtemps pour faire le tour de Boma. Quand on a passé devant l'Hôtel Afrika, le Grand Hôtel, l'Hôtel Splendide — qui n'ont de fastueux que le nom — jeté un coup d'œil sur les beaux arbres du Jardin public, visité les pittoresques échoppes du marché indigène et fait une promenade dans le parc, malheureusement déparé par de vilaines statues en ciment portland, où se trouve la maison de tôle du gouverneur, les promenades et monuments publics de Boma n'ont plus de secrets pour vous.

NOTRE ARRIVÉE A BOMA

Mais, ce qui est infiniment plus intéressant que cet aspect extérieur des choses, c'est — pour autant qu'il se révèle à ceux qui passent — l'état d'esprit des Européens, fonctionnaires pour la plupart, qui habitent ce grand village-capitale.

Deux choses m'ont particulièrement impressionné, pendant notre bref séjour à Boma : d'une part, l'énorme effort que doivent accomplir, sous un climat pénible, les agents qui ont à diriger la machine administrative ou judiciaire de l'Etat Indépendant ; d'autre part — et surtout — le frappant contraste qui existe entre l'optimisme systématique des coloniaux en chambre de Bruxelles et l'esprit critique, la liberté d'appréciation des hauts fonctionnaires et spécialement des magistrats, qui vivent en Afrique, et qui, sachant les choses, obligés de mettre eux-mêmes la main à la pâte, savent mieux que personne où le bât blesse, et ne se font pas faute de le dire carrément.

On me croira si l'on voudra, mais les critiques les plus sévères que j'ai entendues jusqu'ici, sur le régime de l'impôt en travail et du payement en nature, je les ai entendues, après-dîner, chez M. le vice-gouverneur Lantonnois.

Sur le bateau, quand nous abordions ce chapitre, les agents de l'Etat, qui savent que trop parler nuit, gardaient, le plus souvent, bouche close. Il m'a fallu arriver au sommet de l'échelle hiérarchique — je ne citerai naturellement personne — pour entendre déclarer, sans ambages, que l'impôt en travail doit disparaître, que les grandes concessions font obstacle à toute réforme sérieuse, que le système entier est à refaire si l'on veut ramener les choses à l'état normal.

Aussi tout le monde attend ici, avec une impatience que les lenteurs de la discussion tempèrent de lassitude, la décision du Parlement belge sur la question de la reprise.

Des deux objections principales que l'on fait en Belgique à l'annexion du Congo, envoi de soldats belges en Afrique et charges financières sérieuses, pendant un certain temps au moins, je dois dire que personne ne s'arrête à la première, mais que l'on est unanime à tenir la seconde pour sérieuse.

Il ne faut pas être longtemps ici pour se convaincre que l'hypothèse d'une révolte générale, ou même très étendue, des populations noires est absolument inadmissible : si, de village à village, les habitants disposent d'un magnifique système de télégraphie sans fil, grâce aux «gongs» faits d'un tronc d'arbre creux, que l'on entend à d'énormes distances et dont les roulements ont une signification conventionnelle connue de tous, il suffit de remonter le fleuve ou de prendre le chemin de fer du Mayombe, pour se convaincre que les gens des différentes tribus, séparés par d'immenses distances, ne se connaissent pas plus, n'ont pas plus de contacts entre eux que des moujiks russes et des ouvriers agricoles anglais, des paysans français et des campagnards chinois ou hindous.

Mais si une révolte générale des populations est inconcevable, il n'en est pas de même d'une révolte, plus ou moins étendue, des soldats noirs de la force publique. On l'a vu naguère dans le Haut-Kassaï, et plus récemment, à Boma, où les soldats du fort de Kinshakassa, exaspérés, paraît-il, de ce que les blancs débauchaient leurs femmes (1), se soulevèrent un beau jour, bombardèrent Boma, firent feu sur les steamers qui se trouvaient sur le fleuve et terrorisèrent la population européenne, jusqu'au moment où l'intervention de forces supérieures les obligea à s'enfuir, ou à se rendre. Ceux qui se rendirent passèrent en Conseil de guerre, et, pour la plupart, furent fusillés.

Tout le monde admet que des faits de ce genre peuvent encore se produire, avec plus ou moins de gravité, mais, à tort ou à raison — j'expose sans discuter — les officiers de la force publique, comptant sur l'hostilité qui règne entre les gens des diverses tribus, sont unanimes à déclarer qu'ils disposeraient, tôt ou tard, d'une quantité suffisante de troupes fidèles, et qu'en tous cas, à aucun prix, ils ne voudraient qu'on mette à leur disposition des forces européennes.

— Qu'en ferions-nous ? me disait le général Lantonnois. Au premier bivouac, ils mourraient comme des mouches ! Des officiers blancs, oui, et le plus possible ; mais des soldats, jamais de la vie !

Voilà pour la question, tant discutée en Belgique, de l'envoi de troupes au Congo.

Quant aux charges financières, par contre, chacun déclare à l'envi qu'une fois la reprise votée la note à payer sera lourde : les impôts rendront moins et les dépenses feront, et devront faire, un bond énorme.

Une chose apparaît très claire, dès que l'on a passé quelques jours en Afrique : c'est que, colonie sans métropole, l'Etat du Congo, livré à ses seules ressources, tire, comme on dit vulgairement, le diable par la queue. Il fait flèche de tout bois, et malgré cela — ne parlons pas, pour le moment, des revenus de la Couronne — il ne dispose que de ressources évidemment insuffisantes.

(1) Le fait a été contesté, mais m'a été affirmé, d'autre part, par des gens qui étaient à même d'être exactement informés.

Cette insuffisance de ressources éclate, à tout instant, quand on visite les installations des divers services établis à Boma. Certes, elle n'a pas empêché de faire de grandes choses et ce serait une véritable injustice de ne pas rendre hommage au prodigieux effort de ceux qui les ont accomplies; mais ceux-là se feraient de grandes illusions qui croiraient qu'une fois la reprise décidée la Belgique pourra se contenter de laisser tout en état, sans augmenter le nombre des agents et consacrer plus d'argent, beaucoup plus d'argent, à la mise en valeur de la colonie.

***

NOTRE SECONDE JOURNÉE A BOMA

Six heures du matin. Le clairon sonne au camp des soldats. Mon serviteur noir, engagé hier, à raison de trente francs par mois, ration comprise — c'est le tarif maximum dans le Bas-Congo — vient m'éveiller et préparer mon bain. Il fait frais dehors, sous le ciel uniformément gris de la saison sèche. Vanderlinden vient déjeuner avec moi et nous allons regarder les évolutions de la force publique, sur la plaine d'exercices.

Quels beaux soldats que ces Congolais! Avec leurs costumes bleus très simples et leur fez rouge, crânement planté sur la tête, ils ont bien meilleur air que nos grenadiers avec leur ridicule bonnet à poil et nos guides avec leurs uniformes datant de l'époque où l'attrait des couleurs servait à attirer les volontaires.

Pendant que la troupe manœuvre, les musiciens de la force publique soufflent, à pleins poumons, dans leurs clairons et leurs trombones. Je crois qu'à les entendre nos camarades de l'Harmonie de la Maison du Peuple pâliraient d'envie.

Mais il est huit heures, et on nous attend à la Colonie.

La Colonie de Boma est une sorte d'école de bienfaisance où l'État fait élever, par des religieux de la Congrégation de Scheut, un certain nombre de petits Congolais, abandonnés par leurs parents, ou nés de parents inconnus, que l'on ramasse dans les villages du Haut, et dont on essaie de faire des commis, des employés aux écritures et autres agents subalternes.

Le directeur de la Colonie, et un autre Père, qui est son seul collaborateur blanc — pour 177 enfants! — viennent à notre rencontre et nous font le plus cordial accueil.

Je leur demande si, parmi les petits pensionnaires de la Colonie, il y a des enfants de la région de Boma.

— Non, me répond-on, car ils n'auraient rien de plus pressé que de s'enfuir. Même ceux du Haut s'évadent assez fréquemment, mais on ne tarde pas à nous les ramener.

— On les punit alors?

— Oui, on leur donne la chicotte. C'est la seule punition qui les impressionne.

J'ai encore trop, sans doute, les idées d'Europe, pour en tomber d'accord avec M. le directeur, mais je me fais cette réflexion, d'autre part, que c'est une tâche écrasante que celle de deux hommes qui doivent, avec le seul concours de quelques noirs, leurs anciens élèves, discipliner, éduquer, instruire, nourrir, loger, et... décrasser cent cinquante à deux cents petits sauvages, recrutés au hasard dans toutes les régions du Congo.

Il faut penser à cela pour mettre les choses au point, et pour apprécier les résultats obtenus.

Conduits par nos hôtes, nous visitons les dortoirs et les classes. Dans les dortoirs, assez sales, il faut bien l'avouer, on va remplacer, nous assure-t-on, les couchettes en bambou, infectées de vermine, par des lits en fer. Dans les classes, au nombre de sept, nous trouvons tous les enfants de la Colonie, avec quelques petits camarades de Boma, et nous assistons, pendant une heure, à la leçon des grands, donnée par un jeune indigène du Kassaï.

Dois-je avouer que ses méthodes d'enseignement m'ont paru plutôt rudimentaires? Comme exercice de lecture, une page de la Bible : l'histoire de Tobie; pour la dictée, un extrait de je ne sais quel récit, où il était question des druides et des druidesses de l'ancienne Gaule; puis, une analyse grammaticale que, pour ma part, j'aurais été parfaitement incapable de faire; enfin, dans un pays où les travailleurs gagnent six francs *par mois*, un problème d'arithmétique où dix-huit ouvriers gagnaient six francs *par jour !* On se demande avec inquiétude l'intérêt que peuvent bien avoir, pour des natifs de l'Ouellé ou de Kassaï, le ro Tobie, les druides, le pronom personnel ou l'imparfait du subjonctif, et, surtout, les salaires de six francs que ne connaissent même pas la plupart des ouvriers d'Europe.

Je ne voudrais, pour rien au monde, désobliger en quoi que ce soit des religieux dont j'apprécie, autant que personne, les intentions, le désintéressement et les mérites, mais je dois à la vérité de dire qu'en sortant de la Colonie j'ai emporté l'impression que, si le dévouement de ceux qui la dirigent est indiscutable, les résultats qu'ils obtiennent ne semblent pas récompenser beaucoup ce dévouement.

Au surplus, tous ceux que j'ai vus à Boma m'ont dit la même chose, et, avec cette réserve que je n'ai entendu peut-être qu'une seule cloche, je note qu'en général l'opinion m'a paru défavorable aux Missions et, surtout, aux résultats qu'elles obtiennent.

Interrogez un magistrat, un fonctionnaire de l'ordre administratif, un conducteur de travaux, sur ce que valent les noirs qui sortent des Missions et, neuf fois sur dix, vous recevrez la même réponse, presque clichée : « Ce sont les pires de tous. »

Il va sans dire que je ne prends pas cette appréciation à mon compte, et que je réserve, tout à fait, mon jugement personnel.

D'abord, il est juste de dire que, si les méthodes d'enseignement et d'éducation des religieux peuvent prêter à critique, ils sont à peu près seuls jusqu'à présent à faire œuvre d'éducation et d'enseignement.

Ensuite, il n'est pas sans intérêt de constater ce fait paradoxal qu'en Europe nous reprochons à l'Eglise catholique de prêcher la résignation aux pauvres, tandis qu'en Afrique on se plaint, au contraire, que les Missions, en disant aux indigènes que leur âme vaut celle des blancs et que tous les hommes sont égaux devant Dieu, en font des indisciplinés, des insubordonnés, des « mauvaises têtes ». Hier encore, un haut fonctionnaire de l'Etat nous disait : « Le plus actif ferment de révolte qu'il y ait au Congo, ce sont les missionnaires, protestants ou catholiques. »

Mais, encore une fois, j'oublie que je raconte notre visite à Boma et qu'après la Colonie nous nous en fûmes à l'Hôpital des noirs et à la Cité ouvrière, où habitent les travailleurs de l'Etat.

Vision sinistre que cet Hôpital des noirs ! Les deux tiers de ceux qui s'y trouvent sont atteints de la maladie du sommeil ; les uns, arrivés au dernier stade, et achevant de mourir, dans les fureurs de l'aliénation mentale ou la dépression comateuse caractéristique de leur affection ; les autres, que l'on espère guérir, ou du moins améliorer, et qui assistent, dans une stupeur peureuse, à l'agonie des plus malades.

Dans une des salles, on nous montre, parmi les patients, un grand gaillard, musclé comme un hercule, qui berce doucement un baby sur ses genoux. C'est un sergent de la force publique, veuf depuis quelques jours, atteint, lui aussi, de la terrible maladie, et qui n'a consenti à entrer à l'hôpital que sous la condition formelle de n'être pas séparé de son enfant !

Plus loin, dans le quartier des femmes, deux ou trois malheureuses, enfouies sous leurs couvertures, ouvrent à peine les yeux — des yeux lamentables de bêtes malades — quand le médecin les secoue pour attirer leur attention.

Nous nous enfuyons, pour échapper à ce cauchemar, et, après une courte traversée de la brousse, nous nous trouvons sur les bords de la rivière des Crocodiles, devant les chimbèques, de bonne apparence, construites par l'Etat pour l'habitation de ses travailleurs.

Les hommes sont à l'ouvrage, mais les femmes sont à leur porte et rien ne ressemble plus, sauf la couleur et le costume, à nos commères des corons du Borinage, que les habitantes de la Cité ouvrière de Boma. Ce sont les mêmes parlottes sans fin, en attendant de cuire la soupe, la même inactivité de ménagères qui ont vite fait de ranger la maison.

La vérité m'oblige à ajouter, cependant, qu'avec leurs pagnes artistement drapés, leurs bras et leurs épaules de statues, leur taille élégante et souple, les épouses des travailleurs de Boma sont beaucoup plus belles à regarder que la majorité des femmes de chez nous.

Pour trouver la sauvagesse minable, réduite à l'état de bête de somme, avec les seins pendants, le ventre gonflé, l'échine courbée par d'éternels fardeaux, il nous faudra aller dans le Mayombe, où je suis en ce moment. Mais les boys de l'Ursélia m'appellent pour le repas du soir. Demain matin, il faudra se mettre en selle, au petit jour, pour regagner Boma, et ma prochaine lettre, sans doute, sera datée du Haut-Fleuve, que nous remonterons, à partir de Léopolville jusqu'à Lisala, du 21 août au 5 septembre.

LE MAYOMBE

Il serait à peu près impossible de voyager au Congo si le gouvernement s'y opposait ou, simplement, se désintéressait de vous. On pourrait, certes, visiter les localités du bas, où il y a des hôtels, prendre le chemin de fer des cataractes, et même remonter le fleuve, à condition que l'on ne vous refuse pas l'accès des steamers de l'Etat ; mais, pour aller dans l'intérieur, fut-ce dans les régions aussi rapprochées de Boma que le Mayombe, il faut trouver accueil dans les postes et pouvoir compter sur le bon vouloir des fonctionnaires de l'Etat, qui seuls, ou à peu près, sont à même de vous loger, de vous nourrir et de vous procurer des porteurs. (1) Aussi, je ne voudrais pas continuer ces lettres — où je dirai librement ce que j'ai vu, en bien ou en mal — sans remercier M. le vice-gouverneur Lantonnois et M. le secrétaire-général Van Damme de tout ce qu'ils ont fait, avec la plus cordiale obligeance, pour faciliter notre voyage et nous permettre de parcourir, le plus rapidement et le plus commodément, l'itinéraire que nous avions choisi. D'une manière générale, d'ailleurs, fonctionnaires et particuliers ont fait assaut, à notre égard, de prévenances et c'est grâce à tous, par exemple, que notre excursion à l'Ursélia — l'exploitation agricole de la famille d'Ursel, dans le Mayombe — comptera parmi les meilleurs de mes souvenirs de voyage.

***

De Boma a l'Ursélia

On sait que le Mayombe est la région forestière qui s'étend au nord de Boma, et se prolonge, parallèlement à l'Atlan-

(1) Le prix de pension dans les postes de l'Etat est, en général, de quinze francs par jour. Les dépenses ainsi faites par le voyageur lui sont portées en compte, et le tout est réglé, globalement, à son retour, ce qui est infiniment plus commode que de devoir faire des paiements en argent à chaque étape.

tique, dans les possessions françaises et portugaises de la rive droite du Loango. Une ligne de tramway, qui doit relier un jour Boma, à un point du bassin du Shiloango accessible aux bateaux à vapeur, s'arrête actuellement à la Lukula, au kilomètre 80 (et non 60, comme le dit la monographie de M. Van Overberghe). Faute de voyageurs, il n'y a sur cette ligne qu'un seul train par semaine. Mais, comme nous avions peu de temps, un train spécial fut mis à notre disposition et le lundi 14 août nous partions pour la Lukula, accompagnés par M. l'ingénieur Roland, le plus aimable et le plus averti des cicerones. A la station de la Lukula nous attendaient les chevaux et les porteurs qui devaient nous conduire à l'Ursélia.

UN PAYSAGE DU MAYOMBE

Le chemin de fer de Mayombe, double ruban d'acier, de soixante centimètres d'écartement, jeté en pleine sauvagerie — on voit, à chaque instant, des gens à peu près nus courir derrière le train — s'élève, pendant dix-huit kilomètres, à travers la brousse désolée qui couvre toutes les hauteurs des environs de Boma. Plus loin des bouquets d'arbres apparaissent enchevêtrés de lianes aux feuilles florales pourpres et roses et, au kilomètre 31, la forêt commence, immédiatement après la station de Luki, sur la petite rivière du même nom, où l'Etat a établi un camp de recrues.

Le commandant, Norwégien, et ses officiers, Belges, nous attendaient à la gare. Présentations et salutations, dont la cordialité n'exclut pas les formes solennelles qui caractérisent toujours ces petites cérémonies congolaises. Après quoi, ces messieurs nous montrent le camp, où les soldats travaillent à remplacer, par des maisonnettes de briques, les cabanes en pisé qui leur servent actuellement de domicile. Ce sera tant pis, au point de vue pittoresque, mais tant mieux, assurément, au point de vue de la santé des recrues, car ces jeunes gens, que l'on amène du Haut-Congo, pour les détacher de leur milieu régional et leur faire une mentalité purement militaire, souffrent cruellement du froid, et meurent souvent de pneumonie, dans cette vallée de la Luki, où le thermomètre, pendant les nuits de la saison sèche, tombe à 13, et parfois même à 11 degrés.

Je lis dans la monographie de M. Van Overberghe, sous la signature de Jullien :

« La situation de Luki à la lisière de la forêt peut être réputée salubre à plusieurs points de vue. »

Ce n'est point l'avis de l'un des blancs de la station du chemin de fer, qui, grelottant de fièvre, nous disait que « Luki est un des plus sales trous du Congo ». D'autre part, M. Roland nous racontait qu'il y a deux ans six employés du chemin de fer, sur neuf, y moururent dans l'intervalle de deux courriers, c'est-à-dire en trois semaines. Enfin, il ne paraît malheureusement pas douteux que la mortalité, au camp de Luki, soit extrêmement forte. Je ne suis pas parvenu à obtenir des chiffres officiels à ce sujet — bien que j'en aie fait la demande — mais, d'après ce qui m'a été dit, le mois précédent, sur un effectif total de quatre cents hommes, dix étaient morts! Il est vrai que, d'après M. le docteur Polidori, médecin du camp, ce chiffre effrayant dépassait la moyenne mensuelle ; mais il n'en reste pas moins que de jeunes indigènes, que l'on arrache de leurs villages, pour les transporter à des centaines de lieues de distance, dans un pays qui leur est inconnu, et où ils changent à la fois de climat, de nourriture et d'habitudes, doivent fatalement être une proie facile pour la maladie et la mort.

Il nous fallait arriver à la Lukula. Aussi nous prîmes congé du commandant, qui nous avait fait le meilleur accueil, et nous rentrâmes en wagon, mais pour nous arrêter de nouveau, au kilomètre 45, où se trouve, dans une clairière de la forêt, un village indigène assez important. Cinq minutes de marche, dans un étroit sentier, y conduisent. A notre grand étonnement, nous découvrons, au milieu des chimbèques de bois et de chaume, une « maison norwégienne », en tôle ondulée, d'importation européenne. «C'est, nous dit M. Roland, la demeure du chef.» Elle lui a été donnée par un planteur du voisinage, désireux de se concilier ses bonnes grâces, pour obtenir plus facilement des travailleurs.

A cette heure du jour, tout le monde est dans la forêt, cette nourrice féconde des Mayombe. La plupart des cases, ornées de pittoresques fétiches, sont fermées. Deux ou trois vieilles femmes seulement, avec quelques bambins, s'occupent de leur ménage. Sur la place, cependant, près de la maison du chef, nous rencontrons le veilleur, qui, sur un tam-tam fait d'un tronc d'arbre creux, a pour charge de frapper, avec une mailloche, les batteries conventionnelles que l'on entend, dans le silence de la solitude forestière, à d'énormes distances. M. Roland lui demande d'annoncer «qu'un grand chef de Belgique est venu faire visite au village» et, l'instant d'après, les échos d'alentour s'éveillent; mais, au bout de quelques minutes, comme personne ne vient, nous regagnons notre wagon et partons pour Temvo, au kilomètre 57.

La station de Temvo dessert la plus ancienne des plantations de cacao qui constituent la spécialité culturale du Mayombe. Nous n'avions pas l'intention de nous y arrêter, mais nous avions compté sans M. Fontier, le directeur de la *Société d'Agriculture et de Plantations,* qui nous attendait à la gare avec ses deux adjoints.

A peine avions-nous stoppé qu'il se présente, insiste pour que nous allions visiter son domaine, situé seulement à trois quarts d'heure de distance; et, comme nous hésitons, car la journée s'avance, il emporte la place en tirant de sa poche le dernier numéro du *Peuple*, dont il est depuis longtemps un fidèle abonné. On s'imagine que, cette fois, la connaissance est faite. M. Fontier, pardon, le citoyen Fontier, nous nomme ses deux compagnons: M. Bähr, un Allemand, et M.

Figarède, un Français, établi en Afrique depuis vingt-et-un ans, mais qui continue à lire son journal, la *Dépêche de Toulouse*, et me demande, avec le plus amical intérêt, des nouvelles de Jaurès et de Pelletan.

En cette internationale compagnie, nous entrons dans la forêt, et, après une demi-heure de marche, dans un prodigieux fouillis d'essences tropicales, où le tronc nu des *limbas* et la tige élancée des palmiers forment la dominante, nous atteignons le domicile de nos nouveaux amis. Leurs maisons sont au centre d'une immence clairière, toute plantée de cacaoyers dont les gousses, vertes encore ou déjà jaunies, pendent bizarrement aux troncs et aux branches des arbustes producteurs.

Au moment où nous arrivions. M. Bähr s'était éclipsé et nous nous demandions ce qu'il était devenu, quand un gramophone se fit entendre : *La Marseillaise*, chantée par Noté, nous donnait le salut de fraternité républicaine, en ce coin perdu du Mayombe.

Après les rafraîchissements d'usage, sous la verandah, où se promenait une jolie petite fille « café au lait », qui ressemblait singulièrement à notre hôte, celui-ci nous montra son exploitation, admirablement tenue, et nous donna des renseignements du plus vif intérêt sur la condition des indigènes, le régime de l'impôt et la manière dont certains planteurs résolvent le difficile problème de la main-d'œuvre et du portage.

Mais le soleil était déjà bien bas, derrière le rideau opaque des nuages de la saison sèche. Il nous restait vingt-trois kilomètres à faire pour atteindre la gare et le camp de la Lukula. Nous prîmes donc congé et après deux heures d'invraisemblables cahots, sur les montagnes russes de la voie du tram, nous atteignîmes le terminus de la ligne.

Ici encore on nous attendait, et en très nombreuse compagnie. En un clin d'œil, nos bagages furent enlevés par le personnel de la gare. M. da Pra, le commandant du camp de réserve de Lukula, nous offrit l'hospitalité, avec toute la grâce italienne. M. Borsetto, l'agent principal de l'Ursélia, que M. Diederich avait envoyé à notre rencontre, nous amena des chevaux et une quinzaine de porteurs. Bref, ce fut, avec une véritable caravane, qu'aux dernières lueurs du crêpuscule nous passâmes la rivière, et fîmes notre entrée au camp, où l'on avait préparé, à notre intention, le gîte et le couvert.

Au camp de la Lukula, il n'y a que de vieux soldats, mariés pour la plupart, convenablement logés et nourris, capables — quand on les surveille de près — d'observer quelques règles élémentaires d'hygiène. Aussi la mortalité y est-elle beaucoup moindre qu'à Luki. Néanmoins, ici encore, même en cette saison sèche, qui donne quelque répit aux Européens, la maladie est là, tout près de nous : au mess des officiers, ce soir il y a une place vide : un des lieutenants, un Italien, a l'hématurie depuis deux jours. Dans cette affection, le troisième jour est décisif : on meurt ou on échappe. Nous saurons demain seulement qu'il a échappé. (1)

Dès le petit jour, nous nous mettons en route pour l'Ursélia, qui est encore à vingt-huit kilomètres. M. Borsetto, Vanderlinden et moi ouvrons la marche, montés sur de petits chevaux, nés au Mayombe, dont le pied, admirablement sûr, ne craint pas les pentes raides et hérissées de racines de la route, ou plus exactement, du sentier des caravanes. Puis viennent nos deux boys, fiers et heureux d'avoir un fusil à l'épaule, et, dans leurs guêtres, le boy de M. Borsetto, un tout petit bout de négrillon, pas plus haut qu'une botte et qui fait penser aux petits nègres de Rubens, à moitié perdus dans la traîne d'une noble dame. Enfin, en file indienne, arrivent nos porteurs, avec nos malles, nos vivres et nos autres paquets — des charges de vingt et trente kilos — en équilibre sur la tête.

A peine sommes-nous dans la brousse que nous voyons trois femmes, qui travaillaient au bord de la route, filer comme des lapins au plus épais du fourré.

Notez que les indigènes qui voient les blancs pour la première fois ne manifestent aucune crainte et, bien loin de fuir, finissent par être importuns à force de curiosité.

Pour les rendre craintifs comme un gibier trop souvent traqué, que n'a-t-on pas dû faire à ces pauvres diables en mal de civilisation ?

Je me hâte d'ajouter, au surplus, que, dans le Mayombe, il est assez rare, en somme, que les indigènes s'enfuient, quand un blanc se trouve sur leur route. Beaucoup d'entre

(1) L'officier en question échappa à cette crise, mais mourut quelques semaines après.

eux sont tous les jours en contact, soit avec les planteurs, soit avec les Pères de la mission de Kangu. Parmi les gens que nous rencontrons sur le sentier des caravanes, le plus grand nombre n'a d'autre vêtement sur le corps qu'un pagne étroit, et souvent un scapulaire, ou une médaillle, mais il en est aussi qui se promènent, la badine à la main, en complet clair et en chapeau de paille, quittes à être suivis par une ou deux pauvres femmes — leurs femmes — l'échine pliée sous un lourd fardeau. Elles sont à peu près nues, sauf un mouchoir de poche sur le ventre, avec de longs seins pendants qu'elles étirent en se serrant le haut de la gorge avec une cordelette, qui les rabat peu à peu sur la poitrine. Pouvoir allaiter un enfant porté sur le dos, en lui passant par dessus l'épaule la mamelle nourricière, est le suprême du genre chez les beautés du Mayombe.

L'après-midi s'avançait déjà, et l'Ursélia était encore loin, quand nous arrivâmes à la belle mission de Kangu, fondée

LE POSTE CENTRAL DE L'URSÉLIA

par la Congrégation de Scheut. Nous la visitâmes rapidement, avec l'intention de nous y arrêter au retour, et vers quatre heures nous atteignions les plantations de l'Ursélia, qui s'étendent sur huit cents hectares, autour du poste central de l'exploitation. Bientôt après, M. Diederich, notre hôte, venait à nous et, oubliant la fatigue de six heures de marche, à pied ou à cheval, dans la forêt sauvage, nous trouvions tout le confortable de la vie d'Europe, au pavillon des inspecteurs de l'Ursélia.

***

Les plantations du Mayombe

Le Mayombe est une des rares régions du Congo où l'on ait incorporé au sol des capitaux agricoles, au lieu de se borner à la simple récolte du caoutchouc, du copal ou de l'ivoire. Tout le long de la ligne du tram, à Luki, à Sundi, à Temvo, et, plus loin, sur le tracé qu'elle doit parcourir, il y a des plantations de cacao, qui peuvent occuper au total trois milles travailleurs indigènes.

Jusque l'année dernière, toute la contrée était soumise au régime des salaires et des impôts en nature. Les factoriens et les planteurs payaient avec des marchandises. L'Etat réclamait du caoutchouc et éprouvait la plus grande peine à faire rentrer les impositions, car les lianes à caoutchouc ont toujours été rares dans le Mayombe. Aussi, sur les instances des missionnaires et d'autres personnes, telles que M. Diederich, se décida-t-on finalement à renoncer au caoutchouc et à introduire l'impôt en argent. Aujourd'hui tous les indigènes mâles et adultes doivent payer 1 franc par mois, sans compter ce que doivent payer les planteurs : 5 francs par tête de travailleur ; 50 centimes par mètre carré pour les chimbèques, plus 100 francs pour le permis de recrutement. Il est question, en outre, de taxer les femmes à raison de 50 centimes par mois, mais on peut espérer que cette mesure, qui paraît excessive à tout le monde, restera à l'état de projet.

Quoi qu'il en soit, et à ne prendre que les chiffres actuels, 12 francs par an, dans un pays où les travailleurs ne gagnent, en général, que 6 à 7 francs par mois (sans compter la ration, bien entendu), cela fait deux mois de salaire par an ! C'est beaucoup, surtout si l'on songe qu'à quelques lieues de là, au Congo français, le taux des impositions annuelles ne

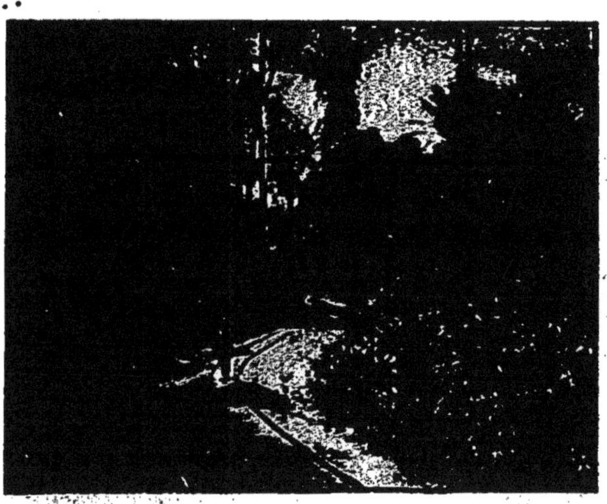

LA LIGNE DU MAYOMBE

dépasse pas 5 francs. Néanmoins, les ouvriers des plantations peuvent assez aisément s'acquitter vis-à-vis de l'Etat. Mais, si importantes que soient, surtout comme promesses d'avenir, les plantations du Mayombe, il faut bien se rendre compte qu'elles occupent, en tout et pour tout, quelque chose comme trois mille ouvriers, sur environ deux cent mille habitants. Le reste de la population va à la chasse ou à la pêche, fait un peu de culture — bananes, manioc, patates douces — ou bien échange chez les factoriers l'huile de palme et les noix palmistes que leur procure le palmier élaïs, principale richesse du pays. Or, pour ces gens, habitués à vivre de peu, en travaillant le moins possible, l'impôt de 12 francs est une pénible charge, qu'ils s'efforcent d'éluder par tous les moyens, et qui est d'autant plus impopulaire que l'argent ainsi récolté sort du pays, pour servir à des fins qui leur sont étrangères, au lieu de leur retourner sous

5

forme de travaux publics et d'institutions utiles à l'ensemble de la population.

Je sais bien ce que l'on peut répondre. On ne manquera pas de dire que, grâce à l'impôt, l'Etat donne la sécurité à la région, et, par cela même, rend possible l'établissement des

NOTRE LOGIS A L'URSÉLIA

plantations qui fournissent aux indigènes un travail relativement bien payé. Mais, entre ces deux faits — impôt et sécurité — le lien n'est pas assez direct, ni assez tangible, pour que la masse des sujets de Boula Matari en ait conscience. Ils ne voient que le fait brutal : on prend leur argent, et on ne leur donne rien, ou presque rien, en échange.

C'est ce que m'expliquait M. Diederich, pendant que nous faisions le tour du propriétaire, parmi les massifs des cacaoyers de l'Ursélia. Au début, nos allées étaient assez larges pour que nos chevaux pussent marcher de front, mais, plus loin, notre causerie dut s'interrompre et il nous fallut mettre pied à terre : nous entrions dans le fourré, pour aller voir les plantations d'arbres et de lianes à caoutchouc. Les arbres plantés à l'Ursélia sont des « hevea » importés du Brésil : il sont là depuis huit à neuf ans et ne donnent encore que quelques grammes de latex par année. Quant aux lianes, qui ont été semées à peu près à la même époque, celles qui se trouvent sur le bord du sentier — le fourré est presque impénétrable — sont grosses comme le tuyau d'une plume. Notre hôte m'explique qu'elles ne deviendront guère productives avant vingt-cinq ou trente années. C'est là un fait qu'il importe de ne pas perdre de vue, quand on entend parler des plantations de caoutchouc faites par l'Etat Indépendant du Congo.

UNE PLANTATION DE CACAOYERS DANS LE MAYOMBE

Pour que les cacaoyers, au contraire, commencent à rendre, cinq ou six années suffisent, et, dès à présent, les plantations du Mayombe, dont la production a passé de 1,100 kilogrammes en 1901, à 500,000 kilogrammes en 1907, donnent de sérieux bénéfices aux sociétés qui les ont établies. Il n'est pas jusqu'aux Pères de Kangu qui n'aient vu le moyen de se procurer un supplément de ressources en ayant, eux aussi, leurs arbustes à cacao. « Notre règle, me disait le P. Van Rosendael, nous défend de faire le commerce, mais ne nous interdit pas de faire de la production agricole. » Je crois bien, au surplus, que pour enlever tout scrupule aux révérends Pères, l'Ursélia se charge de vendre leurs produits, quitte à obtenir d'eux, moyennant un sérieux courtage, les porteurs que la protection de l'Etat leur permet de recruter plus aisément que les particuliers.

On m'a dit, mais je ne garantis rien, que les plantations de Kangu peuvent rapporter, bon an mal an, à la Mission, une cinquantaine de milliers de francs. Elles ne sont, en somme, que peu de chose auprès des huit cents hectares de l'Ursélia. Se rend-on bien compte de ce que c'est que huit cents hectares ? Pendant cette matinée que nous chevauchâmes avec M. Diederich, en décrivant un grand cercle autour du poste central, nous ne fûmes pas un seul instant hors des plantations de cacao, et nous n'en parcourûmes pas la vingtième partie. Encore, ces plantations mêmes ne couvrent pas le septième de la concession, qui est de quatre mille hectares.

Une propriété de quatre mille hectares ! Ce serait un « latifundium » en Belgique. C'est un domaine de moyenne importance au Mayombe. Il convient d'observer, du reste, que, sur ce domaine, il y a des villages indigènes, dont les terres ont été réservées, comme c'est la règle, par l'acte de concession.

Nous avons visité deux de ces villages : Benza Matanga et Benza Manunga. Le premier était à peu près vide. Dans le second, pullulait une innombrable marmaille, qui se réfugia dans les chimbèques dès que nous fûmes signalés. Les femmes eussent volontiers fait de même. Seuls les hommes, dont beaucoup travaillent à l'Ursélia, firent à M. Diederich, qu'ils paraissent aimer, un souriant accueil.

A l'entrée de l'une des cases, un médecin indigène soignait un malade enfoui sous des couvertures, au-dessus d'un bain chaud d'où s'échappaient des vapeurs aromatiques. A la quinine près, c'est de la même manière, en somme, que les médecins blancs soignent les fièvres, et, d'après M. Diederich, les Esculapes noirs ne sont pas plus à craindre que leurs confrères des pays civilisés.

Dans un village du Mayombe, le cimetière n'est pas loin de l'habitation des vivants. A deux cents pas de Benza Manunga, nous nous trouvons devant des tombes : tombes de pauvres diables, à peine distinctes du sol ; tombes de chefs, pompeusement enterrés deux ou trois mois après leur mort et dont on surmonte les sépultures de tous leurs objets personnels — poteries, dames-jeannes, fétiches, etc. — que l'on a soin d'endommager, au point de les rendre inutilisables, afin de ne pas tenter les voleurs.

UN CHEF DE VILLAGE DANS LE MAYOMBE

Voilà un fait qui eût déconcerté naguère les économistes qui prétendaient expliquer toutes les actions de l'homme par le seul mobile de l'intérêt personnel. Dans nos pays, les héritiers se partagent soigneusement la succession des morts ; au Mayombe, ceux qui s'en vont emportent toute leur richesse personnelle avec eux. Il est vrai que cette richesse personnelle n'est pas grand'chose. A part quelques poules, chèvres et porcs, noirs comme des sangliers, les indigènes n'ont d'autre bien que leur chimbèque, garnie de quelques meubles et de quelques ustensiles, pour la plupart venus d'Europe. Les terres des villages sont propriété commune. Les cultures sont assez chétives ; et tout ce monde ne pourrait pas vivre sans les palmiers élaïs qui leur fournissent des matériaux de construction, de l'huile de palme pour leur cuisine, du « malafu » (vin de palme) pour leurs fêtes et des coconottes pour leurs échanges.

— Mais, disais-je à M. Diederich, puisque vous avez, en vertu de votre concession, la propriété de ces forêts, ne vous déclarez-vous pas propriétaire des palmiers qui s'y trouvent, comme l'Etat du Congo se déclare propriétaire du caoutchouc qui se trouve sur son domaine?

— Point du tout, car, indépendamment de toutes considérations d'ordre plus élevé, si je faisais cette bêtise, j'éloignerais ma main-d'œuvre, qui s'empresserait de décamper vers des régions où les fruits des palmiers appartiennent au premier qui grimpe sur l'arbre pour y travailler.

Je me permets de citer cette réponse, car elle me paraît fort caractéristique d'un régime économique très différent du nôtre. En Europe, les prolétaires sont obligés de vendre leur force de travail au plus offrant, sous peine de mourir de faim. En Afrique, au contraire, les indigènes ont d'autres moyens d'existence que le salaire, et, comme ils n'ont pas besoin, pour avoir à manger, de se mettre au service d'autrui, il n'y a que deux moyens de les faire travailler : la contrainte ou les bons traitements.

J'ai emporté de Temvo, comme de l'Ursélia, l'impression que M. Fontier, comme M. Diederich, ne compte que sur la seconde méthode et c'est un des motifs qui m'ont rendu particulièrement agréable notre bref passage au Mayombe.

Les meilleurs moments de la vie, hélas, sont les plus courts. Pour avoir le bateau du 21 août, à Léopoldville, il nous fallut, dès le lendemain, dire adieu à M. Diederich, le plus charmant des hôtes, et reprendre, brides abattues, le chemin du retour.

Un quart d'heure de repos, cependant, à la Mission de Kangu. Les Pères, très accueillants, nous proposent du café. J'accepte, sans faire de façons, car nous avons soif, mais notre estomac, déjà lesté, me donne des inquiétudes, car le café s'accompagne de pain, de beurre, d'œufs et de fromage. Ne pas manger, cependant, serait désobliger nos hôtes. Nous mangeons donc, et, tout en mangeant, tandis que les

Pères fument leur pipe du matin, nous causons en bonne amitié.

Je dois dire que, chemin faisant, on nous avait dit assez de mal des religieux de Kangu. On leur reprochait, notamment, d'exploiter les enfants, orphelins ou abandonnés, qui leur sont confiés par l'Etat ; de les employer, sans les payer, dans leurs plantations de cacao ; de ne donner à leurs pupilles qu'une nourriture insuffisante et des logements malpropres ; de recourir à des procédés peu recommandables pour se procurer leur main-d'œuvre infantile.

Que peut-il y avoir de fondé dans ces reproches ?

Nous avons passé beaucoup trop vite pour qu'il me soit possible de hasarder une réponse. Cependant, je suis persuadé que les enfants de la Mission coûtent plus cher que leur travail ne rapporte ; j'ai entendu dire, par des hommes qui ne sont pas favorables aux missionnaires, que la nourriture, à Kangu, était convenable, et, en visitant, avec le P. Van Rosendael, le magasin à vivres, j'ai eu la même impression ; j'ai la conviction, enfin, que si les Pères ont la préoccupation évidente de réunir autour d'eux un grand nombre d'enfants, le plus grand nombre possible, ce n'est point pour les exploiter, mais pour faire du prosélytisme, pour « sauver des âmes », pour marquer fortement de leur empreinte les jeunes générations.

Après cela, que les enfants soient assez mal logés, que leurs chimbèques fassent pauvre figure, à côté de la belle église de Kangu, je me garde d'y contredire. Que les religieux, dans leur ardeur de prosélytisme, recourent au bras séculier pour ramener leurs pupilles qui s'échappent et mécontentent parfois les populations en arrachant certains enfants à leurs nourriciers naturels, c'est ce dont plusieurs témoignages dignes de foi ne me permettent guère de douter.

On sait que, d'après la législation congolaise, les enfants orphelins ou abandonnés peuvent être réclamés par les Missions. S'il y a contestation, c'est une commission spéciale qui décide. Or, on m'a affirmé, et c'était quelqu'un bien placé pour savoir les choses, que dans le Mayombe, où ce n'est pas le père, mais l'oncle maternel, qui se charge de l'enfant, quand la mère vient à mourir, les religieux ont fait décider, en invoquant la lettre de la loi, et contre la volonté des familles, qu'en pareil cas l'enfant était légalement orphelin et devait leur être remis, fût-ce par l'intervention des bonnets rouges de la force publique.

JEUNE FILLE DU MAYOMBE

Voilà comme quoi les meilleures intentions peuvent engendrer des actes sujets à critique ; mais, encore une fois, ce serait une souveraine injustice que de mettre en doute les intentions mêmes, et il ne faut pas se trouver longtemps avec des hommes comme les religieux de Kangu, pour se convaincre qu'en venant s'exposer, pour de longues années, aux périls du climat africain, ils n'ont d'autre but que la défense de leur foi et la propagation de leur doctrine. Certes, nous avons le droit de critiquer leurs méthodes ; nous pouvons penser que les résultats qu'ils obtiennent sont loin d'être brillants ; mais la loyauté la plus élémentaire nous fait un devoir de saluer, avec sympathie, leur dévouement et leur abnégation.

Mais voici, encore une fois, que je glisse sur la pente des généralisations hâtives, au lieu de raconter, à la bonne franquette, notre retour à Boma.

Nous quittâmes donc la Mission de Kangu, pour reprendre notre course à travers la forêt. On nous offrit à déjeuner, au camp de la Lukula ; notre train partit à l'heure dite, et nous pensions arriver à Boma avant le soir ; mais nous avions compté sans nos amis de Temvo. Ils nous attendaient à la gare ; le gramophone avait été apporté et Noté chantait à nouveau *La Marseillaise ;* avec des frondes de palmier on avait élevé une tonnelle, et sur la table couverte de roses — les belles roses jaunes de notre pays — on avait mis à notre intention un somptueux déjeuner,... à quatre heures de l'après-midi ! Pouvions-nous résister ? Nous imposons donc à nos estomacs une nouvelle contrainte ; nous mangeons, nous mangeons encore, nous mangeons en fraternisant, en causant des camarades d'Europe, en faisant des projets pour le jour où nous nous reverrions sous d'autres climats. Et quand vint l'heure de partir, ce fut avec peine que nous nous arrachâmes à cette amitié, vite éclose, au chaud soleil de la fraternité socialiste.

Nous arrivions à Luki, vers sept heures du soir, quand on nous téléphona que le gouverneur nous attendait à dîner. Deux heures après, comme nous descendions à Boma, on nous appréhenda au corps, et, sans nous donner le temps de changer, on nous amena, dans un costume indescriptible, après six heures de cheval et une demi-journée de chemin de fer, chez M. Lantonnois. Ce dernier, avec une bonne grâce charmante, nous mit à l'aise, et quand nous passâmes dans la salle à manger, toute fleurie d'hybiscus rouges, il nous sembla que la sauvagerie du Mayombe était un rêve et que nous n'avions pas quitté l'Europe.

LA RÉGION DES CATARACTES

De Boma a Léopoldville

Un steamer de l'Etat, le « Wall », nous transporta, le 18 août, de Boma à Matadi. Matadi, ce qui veut dire pierre, Matadi, la bien nommée — car, nulle part au Congo, on ne voit tant de cailloux brûlés par le soleil — est la tête de ligne du chemin de fer des cataractes, du fameux tramway-joujou dont on se gaussa si agréablement à la Chambre, il y a quelque dix ans. Je vois encore à la tribune notre vieil ami Defuisseaux, sa petite calotte grise sur la tête, mesurant avec un mètre le faible écartement des rails. On sait, en effet, que, dans un but d'économie, afin de pouvoir réaliser des courbes d'un rayon plus restreint, le chemin de fer des cataractes est à voie étroite. Cela n'empêche qu'il suffise parfaitement à transporter aussi bien les marchandises qui viennent d'Europe que les produits du Sud-Cameroun, du Congo français et du Congo Indépendant, qui doivent converger à Léopoldville, pour descendre à Matadi. A l'heure actuelle, le chemin de fer de Stanley-Pool emploie un personnel de 2,300 ouvriers. Sur ce nombre, il y a environ deux mille indigènes de la région. Les autres sont des blancs — une poignée d'hommes — ou des Sénégalais, des gens de Sierra-Leone ou d'autres colonies de la côte.

M. de Backer, l'un des deux directeurs pour l'Afrique — ils alternent de dix-huit en dix-huit mois — nous attendait au pier, avec le médecin de la Compagnie, M. le docteur Villa, établi au Congo depuis vingt ans. Accompagnés par eux, nous nous installons rapidement dans deux jolies maisons — je devrais dire deux élégantes villas — appartenant au chemin de fer, et profitons des dernières heures du jour pour faire une promenade.

Matadi, accrochée au flanc des montagnes pierreuses et nues qui bordent le fleuve, est coupée en deux par un profond ravin : d'un côté, l'Etat et les factoreries, portugaises pour la plupart ; de l'autre, des bureaux et les logements du chemin de fer. Entre ces deux Matadi, la différence est saisissante : du côté de l'Etat, des paillottes, des maisonnettes de pauvre mine, avec deux ou trois bâtiments de meilleure apparence, tels que la Poste ou le Commissariat du district ; du côté de la Compagnie, des locaux bien aménagés, des demeures confortables pour les agents, et, au sommet de la côte, avec une vue grandiose sur le fleuve, la villa du directeur, où nous devions trouver le soir, chez M. et Mme de Backer, la plus gracieuse et cordiale hospitalité.

Une route large et bien entretenue s'élève sur la rive vers l'hôpital des noirs de la Compagnie, qui a le même médecin et se trouve à côté de l'hôpital de l'Etat. L'hôpital de la Compagnie est tout battant neuf. Il a coûté 80,000 francs. L'installation en est parfaite. Des lits de fer, avec des draps bien blancs, s'alignent dans la grande salle, superbement propre. Il y a peu de malades, pour un très nombreux personnel. L'hôpital de l'Etat est l'ancien hôpital de la Compagnie. C'est une baraque en bois, qui n'a jamais été très confortable, et, comme elle n'a plus été entretenue depuis que l'Etat l'a acquise, elle se trouve dans un état de délabrement que je n'hésite pas à qualifier de scandaleux : les lits, en bambou, sont malpropres, ; les murs en planches disjointes laissent passer, sur les misérables grabatai res les vents froids des nuits de la saison sèche ; tous les malades sont dans la même salle ; ils sont beaucoup plus nombrueux, pour un effectif bien moindre, que ceux de la Compagnie ; le sol est percé de grands trous, par où sortent, la nuit, d'énormes rats, qui sont la terreur des malades.

Il y a quelques jours, dans cette salle, un noir, arrivé au dernier stade de la maladie du sommeil, achevait de mourir. Les rats n'attendirent pas qu'il fût mort. Ils l'attaquèrent, pendant son agonie, et lui rongèrent l'un des pieds. Quand l'infirmier arriva, le matin, l'homme était encore vivant, mais trois doigts manquaient ! Puisse, du moins, cette affreuse histoire faire mettre fin à un état de choses qui n'a que trop duré et qui fait monter la colère à la gorge, quand on songe que le roi, avec les millions dépensés pour l'Arcade du

Cinquantenaire ou l'embellissement de son Palais à Laeken, eût pu créer des hôpitaux — à 80,000 francs chaque — dans tous les postes importants du Congo !

. . .

Si la route de la Compagnie, qui monte vers les hôpitaux, ne laisse rien à désirer, la route de l'Etat, vers le fleuve, est aussi étroite et sinueuse qu'un sentier de caravanes. C'est en trébuchant parmi les cailloux — ce qui manque le moins à Matadi — que nous dévallons vers les factoreries, pour passer de l'autre côté du ravin et visiter les ateliers et les magasins du chemin de fer.

Les ateliers qui servent à la réparation et à l'entretien du matériel sont établis dans un vaste hall, ouvert de tous côtés à la brise du fleuve. Quelques ouvriers européens, ou sénégalais, ayant pour aide des indigènes, dirigent les machines-outils, élégantes et fines comme des bijoux d'acier. Leurs salaires sont plus élevés qu'en Europe. Ils gagnent 150 à 300 francs par mois, plus le logement et la ration : riz, viande salée, poissons secs que l'on fait venir de Norwège. Quant aux manœuvres indigènes, également logés et nourris, avec une ration suffisante pour qu'ils puissent en échanger une partie contre des vivres frais, leur salaire minimum est de 50 centimes par jour. La durée du travail dans les ateliers est de dix heures. C'est évidemment excessif, surtout sous le climat de Matadi, qui passe pour être le trou le plus chaud du Congo. Je le dis à M. de Backer. Il me répond que les travailleurs n'ayant aucune distraction à Matadi, toute réduction de la journée profiterait exclusivement aux débits de boisson des factoreries portugaises. Est-il besoin de dire que j'ai déjà entendu cet argument, ailleurs qu'au Congo ?

A côté des ateliers se trouvent les magasins. C'est là que passe à peu près toute la richesse actuelle du Congo : marchandises d'Europe, pondéreuses et encombrantes, telles que matériaux pour le chemin de fer des Grands-Lacs, caisses de vivres, dames-jeannes remplies de vin, dont l'emballage, très soigné, coûte plus cher que le contenu ; produits africains, tels que balles de café, balles du copal, paniers de caoutchouc, en montagne, avec des étiquettes indiquant leur provenance, et, derrière une grille de fer, un entassement de défenses d'ivoire, dont certaines formidables :

M. de Backer nous en montre une qui pèse 85 kilos ; à 33 francs le kilo, prix d'Europe, cela fait une jolie somme.

Une notable partie de cet ivoire vient du Congo français ; mais cela ne veut pas dire qu'il y ait été recueilli. On sait, en effet, que quiconque tue un éléphant sur le territoire de l'Etat Indépendant doit abandonner au fisc une des défenses. La même règle n'existant pas au Congo français, beaucoup de défenses d'éléphants tués sur la rive léopoldienne passent en contrebande de l'autre côté de l'eau, sauf à rentrer dans l'Etat Indépendant comme provenant du Congo français.

Il convient d'ajouter, toutefois, que la majeure partie de l'ivoire congolais venant de régions qui se trouvent au cœur de l'Etat Indépendant n'échappe pas à la fiscalité domaniale.

Comme la nuit tombe dès six heures, par une brusque plongée du soleil, force nous fut d'interrompre notre visite, pour la reprendre au retour. Une heure après, nous nous retrouvions chez M. de Backer, où des dames en toilette de soirée, autour d'une table fleurie, nous donnaient encore l'illusion de n'être pas en Afrique. Mais, si le cadre restait européen, la conversation fut essentiellement congolaise : pour notre plus grand profit intellectuel, M. de Backer, le docteur Villa, et un explorateur français, M. Fonder, nous communiquèrent les conclusions de leur expérience coloniale ; et, une fois de plus, s'affirma la conviction que le régime de la contrainte et de la confiscation des produits naturels du sol par l'Etat doit, à tout prix, disparaître, si l'on veut que le Congo se développe, sainement et normalement.

Je dois ajouter que M. Fonder, qui estime que les Arabes firent beaucoup plus de bien que de mal en Afrique, nous exprima l'avis que la conquête blanche, pour avoir été partout effroyablement brutale, ne l'avait pas été plus dans l'Etat Indépendant que dans le Congo français ou dans le Cameroun allemand.

***

LE CHEMIN DE FER DES CATARACTES

Il faut deux jours de chemin de fer pour atteindre le Pool. Le premier jour on coucha à Thysville, au point le plus élevé de la ligne (750 mètres). Le second jour, dans l'après-midi, on atteint Kinshassa et Léopoldville.

Je m'étais fait un épouvantail de ces deux journées de chemin de fer, et, assurément, par les chaleurs de la saison des pluies, dans un wagon presque toujours encombré de voyageurs, où l'on est assez mal assis et, tout le jour durant, condamné à une immobilité presque absolue, ce ne doit pas toujours être drôle. Mais M. de Backer, qui voulut bien nous accompagner jusque Thysville, nous avait réservé une voiture, bien pourvue de glace, de rafraîchissements et de victuailles. De bons fauteuils nous tendaient les bras. Il y avait des chaises, en plein air, sur la plateforme d'arrière. Au Bas-Congo, pendant la saison sèche, le soleil ne se montre guère ; si bien que la chaleur ne nous fit pas souffrir jusque Thysville, situé à une altitude assez élevée pour que, le soir à dîner, nous fussions obligés de mettre un gros pardessus pour ne pas trembler de froid.

Le lendemain, à sept heures, nous nous remettons en route, à travers un pays qui devient de plus en plus verdoyant à mesure que l'on approche du Pool. Aux environs de Mandimba, au kilomètre 345, nous commençons à voir des hommes, des femmes et même des enfants, qui portent aux stations du chemin de fer les impositions en « chikwangue » destinées aux travailleurs de Léopodville (1). Pour certains d'entre eux — nous dit le serre-frein noir qui se trouve à nos côtés — la distance à parcourir, une fois par semaine, atteint 25 à 30 kilomètres, et retour. Cinquante à soixante kilomètres, pour porter six kilos de vivres, que l'Etat leur paie 6 centimes le kilo, alors que, sur le marché de Léopoldville, le kilo de chikwangue se paie plus du double !

Vers deux heures, pour la première fois depuis que nous avons quitté Banane, le ciel s'éclaircit ; la nappe de feu du soleil s'épanche sur notre tête, et, au bout de la grande plaine rousse de Dolo, le miroir argenté du Pool se dessine. Nous arrivons à Kinshassa, où le commandant Herr est venu nous attendre, pour nous accompagner à Léopoldville.

Léopoldville n'est qu'à un quart d'heure de Kinshassa. Du train au steamer « Le Hainaut », qui doit nous transporter

(1) La chikwangue est la pâte de manioc, enveloppée de feuilles, qui sert de pain aux indigènes.

à Lisala, nous avons seulement quelques pas à faire. Lusambo, le sous-chef de station de Léopoldville — que j'ai connu naguère chez mon oncle, le notaire Vandervelde — fait embarquer nos bagages, et, avant que le soleil ne se couche, je trouve le temps de faire une intéressante promenade avec M. Herr et le commissaire du district de Stanley-Pool, M. Moulart.

Léopoldville est, incontestablement, la station la plus animée que nous ayions vue jusqu'à présent au Congo. Outre les blancs, qui sont une quarantaine, si je ne me trompe, le personnel de l'Etat — travailleurs et soldats, avec leurs femmes et enfants — atteint le chiffre de 1800. C'est beaucoup de bouches à nourrir, d'autant plus que les environs immédiats, jadis très peuplés, sont aujourd'hui presque déserts : les noirs se retirent devant le blanc, pour aller vivre dans l'intérieur ou s'établir au Congo français, où on les laisse plus tranquilles. M. Moulart, à qui je demande des

LA PRÉPARATION DE L'HUILE DE PALME

renseignements sur la fameuse question de la chikwangue, longuement traitée dans le dernier Livre Blanc anglais, me dit que l'on a plus facilement des vivres à Léopoldville qu'à Brazzaville ; que les impositions en chikwangue ne sont plus oppressives ; que les femmes indigènes en font cinq et six fois plus, pour la consommation indigène, qu'elles n'en fournissent à l'Etat ; que les hommes qui portent la chikwangue aux postes parcourent allègrement la distance qui les sépare des stations du chemin de fer ; que beaucoup de villages préfèrent payer l'impôt en nature qu'en argent ; que la généralisation brusque de la monnaie provoquerait une crise très grave et mettrait les vivres hors prix.

On se doute que je ne suis pas convaincu, bien que mon interlocuteur mette au service de sa thèse une abondance remarquable d'arguments ingénieux. Mais je compte, au retour, m'arrêter plus longtemps à Léopoldville et reprendre cette conversation d'une manière plus serrée. En attendant, je regarde. Mes compagnons me montrent le village des travailleurs de l'Etat, avec ses plantations de manioc ; la prison, un simple enclos, avec des chimbèques assez confortables, où prévenus et condamnés viennent côte à côte, avec cette différence que les uns ont, et les autres n'ont pas la chaîne au cou ; enfin, le lazaret, où vivent plus de deux cents noirs, que l'on a arrêtés, à la montée ou à la descente, parce qu'ils étaient atteints de la maladie du sommeil.

Au moment où nous arrivons au lazaret, on distribue la ration du soir. Les infirmiers donnent du manioc et de l'huile de palme, non seulement aux malades, mais à leurs femmes et enfants qui restent libres, et s'il n'y avait pas dans cette foule quelques malheureux aliénés, au dernier stade de la maladie, on pourrait se croire dans un camp de travailleurs en bonne santé.

Dans l'enceinte du lazaret, entourée d'une simple palissade, les internés se groupent comme ils l'entendent. Leurs chimbèques sont, en général, assez propres, et, somme toute, malgré l'infinie tristesse de ce lieu, je n'éprouve pas l'impression d'horreur que j'ai eue dans les hôpitaux de Boma et de Matadi.

Du lazaret à l'hôpital des noirs, situé sur le bord du fleuve, il y a un sentier qui contourne le mont Léopold II, et d'où l'on découvre les premiers rapides immédiatement en aval de Léopoldville. Le soleil venait de disparaître, laissant derrière lui une traînée rouge. Des feux de brousse s'allumaient sur la rive française. Les vagues de cinq à six mètres de haut qui s'entrechoquaient là-bas paraissaient toutes petites et déferlaient presque sans bruit, dans le calme du soir. Entre ces deux pôles de misère, le lazaret et l'hôpital, nous trouvions la sérénité de la nature et l'infinie beauté du ciel.

J'ai dit, à juste titre, beaucoup de mal de l'hôpital des noirs de Matadi. Celui de Léopoldville, au contraire, ne mérite que des éloges. Les pavillons qui le composent sont en bois, mais les planches ne sont pas disjointes, les salles sont propres et spacieuses ; les diverses catégories de malades sont soigneusement séparées ; les convalescents trouvent, au bord du fleuve, des abris où ils peuvent se réunir et faire leur popotte ; bref, si les installations de la Croix Rouge, pour les blancs, réclament, paraît-il, certains perfectionnements, celles des noirs ne laissent à peu près rien à désirer.

Au surplus, je n'ai fait que passer à Léopoldville, et c'est avec les réserves d'usage que j'enregistre mes premières impressions. J'en ai assez vu, cependant, pour emporter la conviction que, si l'on peut discuter les théories économiques de M. Moulart, on ne saurait assez rendre hommage à son activité, son énergie et son esprit d'initiative.

LA MONTÉE DU FLEUVE

KINSHASSA

Le « Hainaut » ne quitta Léopoldville que pour s'arrêter, une demi-heure après, à Kinshassa. M. Moulart ainsi que M. et Mme Herr étaient à bord. Nous visitâmes, d'abord, au milieu des baobabs énormes, un très pittoresque village de Batékès, dernier débris des anciennes populations de Stanley-Pool, remplacées aujourd'hui par des travailleurs qui viennent de toutes les régions du Congo. Puis, M. Hauzeur, le sous-directeur de la Société Citas, nous offrit le champagne ou l'eau minérale du matin, et mit l'occasion à profit pour m'exposer quelques-uns de ses griefs contre l'Etat.

C'est ainsi, par exemple, que, sur la rive française, les steamers appartenant à des particuliers ne doivent payer que deux cents francs par an, quelle que soit la grandeur du bateau, pour prendre dans les forêts le bois qui leur sert de combustible ; sur la rive léopoldienne, au contraire, les sommes à payer de ce chef s'élèveraient, pour un bateau de moyenne grandeur, à une quarantaine de mille francs ; si bien que, sinon en droit, du moins en fait, l'Etat conserve le monopole de la navigation sur le Haut-Fleuve.

Sur ce point, comme sur bien d'autres, M. Moulart, sans méconnaître qu'il y ait quelque chose à faire, n'est jamais à court d'arguments. Pour ma part, j'écoute avec un vif intérêt cette discussion contradictoire et me propose de la reprendre, quand je m'arrêterai au retour. En attendant, je constate que, pour mettre tout le monde d'accord, il suffit de parler des Missions. Certes, les uns attribuent aux religieux des mobiles d'intérêt, sinon pour eux, du moins pour leur communauté ; tandis que les autres estiment qu'ils n'ont d'autre but que de gagner des âmes. Mais où l'on est unanime, c'est pour dire que, par exemple, les jésuites de Kisantu, dans la région des cataractes, se rendent impopulaires, auprès des indigènes, en « volant des enfants », pour en faire des chrétiens, des hommes à eux, qu'ils envoient ensuite dans leurs fermes-chapelles.

Quelqu'un nous racontait, à ce propos, l'extraordinaire histoire d'un substitut faisant une expédition dans les villages, avec des soldats de la force publique, pour ramasser des « orphelins ou enfants abandonnés » destinés aux Missions, et n'hésitant pas à faire tirer des coups de fusil sur les indigènes qui résistaient. Les fonctionnaires présents, sans contester le fait, se bornent à dire: «Oh ! Il n'y a pas eu beaucoup de coups de fusil ! »

Faut-il s'étonner que, dans ces conditions, beaucoup d'indigènes de la région des cataractes s'en aillent sur la rive française, pour éviter la christianisation obligatoire des enfants et des adolescents.

Notez que personne ne conteste la grandeur de l'effort accompli par les jésuites de Kisantu et d'autres Missions ; que tout le monde admire l'énergie qu'ils ont mise à créer de vastes cultures et à tirer de riches moissons d'un sol ingrat ; mais, sous réserve de voir les choses par moi-même, au retour, ma première impression se fortifie qu'avant un quart de siècle il y aura au Congo une question cléricale, d'autant plus difficile à résoudre que l'Etat, dans un esprit d'économie, aura trouvé plus commode de laisser créer, par les religieux, les œuvres d'éducation et d'instruction qu'il devrait accomplir lui-même.

***

SUR LE « HAINAUT », DE KINSHASSA A IREBU

On m'avait dit et redit que la montée du Congo est, de toutes les choses du monde, la plus monotone. Il y a certes une âme de vérité dans cette appréciation. Les paysages d'Afrique n'ont pas autant de variété que les paysages d'Europe, mais leur uniformité même en accroît la grandeur. Depuis cinq ou six jours que le « Hainaut » a quitté Léopoldville, nous n'avons guère vu que deux aspects de la nature congolaire : l'étroit chenal — il n'a que deux kilomètres de largeur ! — que le fleuve s'est frayé à travers les monts de cristal, en aval de Kwamouth ; puis, le pays des îles et des eaux, des îles innombrables et des eaux répandues à l'infini, entre des rives invisibles, depuis Kwamouth jusqu'à l'Equateur ; mais que dire de la grandeur sauvage de ce chenal où passe le drainage de la moitié d'un continent ; et comment peindre l'indicible beauté de ce fleuve, large comme un bras de mer, où se reflètent, comme dans un miroir d'acier, les végétations folles de la forêt primitive et les nuages de feu du ciel équatorial.

Il y a des gens qui aiment vraiment la nature et qui ont la chance d'avoir assez d'argent pour voyager. On les voit faire les bords du Rhin, se promener dans les îles de la Baltique suédoise, chercher la végétation des tropiques sur les plages de Nervi ou de Bordighera. Que ne viennent-ils pas plutôt ici ? Ils trouveraient, à la fois, les bords du Rhin avec la brousse au lieu de vignes, les îles suédoises avec des palmiers au lieu de sapins, et les beautés de la Rivière, avec l'éternel été, au lieu du pâle soleil des hivers du midi.

Peut-être se laissent-ils effrayer par le climat ? A force d'entendre parler de tsetsés et de moustiques, de malaria et de maladie du sommeil, beaucoup de gens en Europe se figurent que l'on ne saurait aller au Congo sans courir les plus graves dangers. La vérité est que, pour ceux, bien entendu, qui ne font que passer, il n'y a guère d'autres risques que des accès de fièvre sans gravité.

Peut-être, aussi, imaginent-ils ne pas trouver, en cours de route, tout le confort désirable ?

Je ne prétends pas, assurément, que celui qui voyage dans l'intérieur n'ait pas de durs moments à passer ; mais pour ce qui est des bateaux du fleuve, il n'y a que les mauvaises langues pour soutenir que l'on risque d'y mourir de faim.

Sur notre « Hainaut », par exemple, la table n'est peut-être pas raffinée, mais elle est abondante ; le ravitaillement des vivres frais n'est pas toujours facile, mais il y a des conserves ; et, somme toute, si l'Etat voulait bien mettre quelques nappes de plus à la disposition du capitaine, pour lui permettre de changer plus souvent le linge de table, il faudrait être grincheux pour ne pas se déclarer satisfait.

Quant au logement, c'est une autre affaire. Je ne parle pas pour moi, car je suis admirablement logé, dans une cabine à huit fenêtres, qui me sert en même temps de cabinet de travail et de salon pour le thé de quatre heures. Mais pour mes compagnons de voyage. Nous sommes vingt-huit à bord, et, jusqu'à l'Equateur, il y aura deux passagers par cabine ; des cabines étroites, surchauffées, car on ferme tout pour éviter les moustiques ; des cabines qui seraient trop petites encore, même si l'on était seul !

Heureusement qu'au Congo il fait généralement assez beau pour que toute la vie se passe en plein air. On ne reste dans les cabines que le temps strictement nécessaire. Dès six heures du matin, tout le monde est sur le pont, où, jouant, causant, lisant et rêvant, nous regardons défiler le paysage comme un mouvant décor.

Comme les bateaux ne peuvent naviguer après six heures du soir, on s'arrête, au coucher du soleil, soit à la rive, soit devant quelque poste de bois. C'est le moment le plus pittoresque de la journée. Les passagers noirs, hommes et femmes, à qui l'on défend de coucher à bord, débarquent. Ils s'installent avec leurs marmites, leurs hamacs, leurs chaises longues. Les feux s'allument. Des palabres, à grands coups de gueule, s'engagent avec les gens du poste. Les femmes crient. Les hommes hurlent. Puis on s'arrange. Les popottes mitonnent. Les tentes se dressent. Le tapage d'un accordéon lutte avec le chant des cigales et des grenouilles. Deux heures après, tout le monde est couché.

Je ne cite que pour mémoire les incidents de toute nature qui se produisent à l'occasion de ces débarquements.

Hier, par exemple, on campa en pleine forêt. Quelques arbres prennent feu, Les flammes s'élèvent à vingt mètres de hauteur. Jamais il n'y eut plus merveilleux décor pour le final de la « Walküre ».

L'autre jour, soldats et travailleurs se bousculent un peu sur les planches qui leur servent de passerelle pour descendre à terre. Le chef de poste arrive et veut monter à bord. Comme on ne se dérange pas pour lui, il empoigne un des noirs, et, sans autre forme de procès, le jette à l'eau, mais ayant mal calculé son élan, il trébuche, vacille, tombe en arrière et le voilà barbottant dans deux mètres d'eau et regagnant à grand'peine la rive, mouillé jusqu'au-dessus du casque.

Comme nous parlons de cette affaire à dîner, et disons

que c'est bien fait, tout le monde proteste. Un ingénieur, M. X., qui est un de nos plus charmants compagnons de voyage et qui, dans ses relations avec les blancs, est l'homme le plus aimable du monde, me dit en propres termes : « Pousser un noir à l'eau, quand il vous gêne, c'est tout à fait la même chose que d'y pousser un chien ! »

Doux pays !

Heureusement que tout le monde ne pense pas ainsi. Il y a des gens au Congo qui aiment les indigènes, qui les traitent comme des hommes, et qui en obtiennent des résultats vraiment merveilleux.

Je suis encore tout ému de la visite que nous fîmes à la Mission protestante de Bolobo. Il y a trente ans, quand, pour la première fois, Stanley descendit le fleuve, les indigènes qui habitaient cette région étaient d'affreux cannibales. Aujourd'hui, beaucoup d'entre eux sont des civilisés, qui habitent des maisons à l'européenne, ont été à l'école et exercent toutes sortes de métiers.

J'avais une lettre pour le révérend Whitehead, qui est seul, en ce moment, à la Mission, avec Mrs Whitehead et une autre dame. Nous le trouvons à l'imprimerie, où il compose des livres en bangala, avec des typos couleur d'ébène. Il interrompt immédiatement son travail, ôte son tablier et nous fait les honneurs de la Mission, et de la Colonie qui y est annexée.

— Vous avez donc d'autres blancs ici ? dis-je, en montrant des maisons de belle apparence, avec des rocking-chairs sous leur véranda.

— Point du tout. Ces maisons sont habitées par des nègres et ont été construites par eux, avec des matériaux du pays. Ce sont eux qui ont cuit les briques, qui ont fait les charpentes, qui ont menuisé, plafonné, meublé le tout.

— Combien y a-t-il d'habitants à la Colonie ?

— Trois cents environ. Je ne connais pas le chiffre exact, car cela ne nous regarde pas. Ils font eux-mêmes leurs affaires, vivent de leurs propres ressources, n'ont d'autres liens avec nous que l'amitié et la communauté de foi.

— Et vous-mêmes, d'où tirez-vous les ressources nécessaires à l'entretien de votre œuvre ?

— Des subsides que l'on nous envoie d'Europe, en argent ou en marchandises. Nous faisons des échanges contre des produits indigènes, mais nous ne faisons aucun commerce et n'avons pas de plantations.

UN GROUPE DE CONVERTIS PROTESTANTS A BOLOBO

M. Whitehead nous montre ensuite son église, et son école.

Nous voilà loin de l'école des Pères de Scheut, à Bomé. Il n'est plus question des druides de l'ancienne Gaule et de l'histoire du jeune Tobie. Les deux dames qui dirigent l'école et leurs moniteurs noirs apprennent à lire aux enfants dans leur langue ; les livres de classe ne sont pas des laissés pour compte des écoles d'Europe, mais des manuels soigneusement adaptés à la mentalité et aux préoccupations des jeunes indigènes. Je suis frappé de l'air d'intelligence des écoliers, de la propreté et du soin de leur mise, de la dignité de leur attitude. Ce sont des hommes que l'on fait ici. C'est une élite que l'on crée. Tandis que les catholiques s'adressent à la masse, les protestants choisissent ceux qui leur paraissent les plus aptes, et grâce à cette sélection, ont peut-être moins d'action directe sur l'ensemble, mais préparent, pour l'avenir, des chefs de file, qui aideront les autres à avancer à leur tour.

Comme je vais prendre congé de M. Whitehead, il me demande des nouvelles de la reprise du Congo par la Belgique ?

Je dois lui répondre que nous ne savons rien. Depuis notre départ d'Anvers, le 23 juillet, pas un télégramme relatif aux débats de la Chambre belge n'est arrivé au Congo. Nous ne savons rien. Le gouvernement local ne sait rien. La discussion continue-t-elle ? A-t-elle été ajournée en novembre ? A-t-elle pris fin et la reprise est-elle faite ? Peut-être l'apprendrons-nous demain, en arrivant à Coquilhatville. Si non, un mois au moins se passera avant que nous sachions quelque chose. Après Coquilhatville, en effet, il n'y a plus de télégraphe. Pendant un mois nous allons rompre avec la civilisation. Cette lettre qui me précédera sans doute de trois semaines — il lui faudra quarante jours pour arriver à Anvers — est la dernière que je mettrai à la poste en Afrique. Les autres, selon toutes probabilités, m'accompagneront sur l'« Albertville », qui doit être à Anvers le 25 octobre prochain.

Au moment ou nous arrivons à Irebu, le commandant du camp me remet ce télégramme :

« Boma, 27 août : Prévenez M. Vandervelde que annexion votée 20 août, Chambre des représentants. — Lantonnois. »

C'est donc chose faite ! Autour de nous, les hourras éclatent, et je regarde, avec une émotion nouvelle, cette terre, devenue nôtre, où nous aurons de si grands devoirs à remplir !

***

Le camp d'Irebu

Beaucoup de stations au Congo se ressentent de la succession trop rapide de leurs chefs. Ce que les uns commencent est rarement achevé par les autres. Il semble, au contraire, que chacun ait la préoccupation de ne pas tenir compte des plans de son prédécesseur, et de faire table rase de ce qui a été fait avant lui. Le camp d'Irebu échappe à cette critique. C'est, peut-on dire, l'œuvre exclusive d'un homme, le commandant Jeuniaux. Il y vit, depuis plusieurs années, avec sa jeune et charmante femme. Il s'est tracé, dès le début, un plan d'ensemble, qu'il a rigoureusement suivi. Il a fait des prodiges d'ingéniosité pour loger et nourrir tout son monde, avec les seules ressources du pays. Et, aujourd'hui, après onze ans, c'est avec un légitime orgueil qu'il peut faire, à ceux qui passent, les honneurs de l'une des plus belles stations du Congo.

Sur la rive, ombragée de beaux arbres, s'alignent, devant des parterres de fleurs, les magasins et les maisons des blancs. Derrière sont les logements des soldats, la plaine d'exercices, les hangars où se font les théories, et où va bientôt s'ouvrir une école. Pour bâtir tout cela, le commandant Jeuniaux n'avait d'autre main-d'œuvre que ses recrues, d'autres matériaux que les lianes, les bambous, l'argile du pays. Il a trouvé des artisans parmi les jeunes sauvages qu'on lui envoyait pour en faire des soldats. Il leur a appris à cuire des briques, à maçonner, à charpenter, à fabriquer des meubles. Il a dû, ne recevant pas de clous, en confectionner lui-même avec de vieilles baguettes de fusils et des fers de caisses d'emballage. Il a, en un mot, créé Irebu de toutes pièces ; et, cependant, lorsqu'on se trouve dans son hospitalière demeure, dans sa maison où cent détails charmants révèlent la présence d'une femme, on ne se douterait pas que cette maison tout entière, avec tous ses meubles, a été faite par un officier qui n'était, avant l'Afrique, ni architecte, ni maçon, ni charpentier.

Mais la question des logements au Congo n'est pas encore la grande affaire. Ce qui est autrement difficile, dans un camp comme Irebu, où il y a de 700 à 800 recrues, avec 200 femmes, c'est de nourrir toutes ces bouches, qui conduisent à des estomacs fort exigeants.

Pour arriver à ce résultat, le « Règlement sur l'Organisation de la Force publique » prescrit « que la nourriture des soldats et gradés noirs soit remise *journellement* en nature et que, dans chaque camp ou poste, il soit établi des cultures vivrières destinées à l'alimentation du personnel noir ».

On a donc fait des cultures vivrières à Irebu comme ailleurs, et, après nous avoir montré les installations du camp, ainsi que les plantations de rapport « qui ne rapportent pas grand'chose », le commandant Jeuniaux nous promène dans les bananeraies, les champs de patates douces, de manioc, de haricots indigènes, qu'entretiennent surtout les femmes des soldats.

Je demande à notre hôte si ces plantations n'incitent pas les jeunes soldats à la maraude ?

« Assurément, me répond-il. Nous ne récoltons rien. Manioc, bananes, haricots, patates douces, tout est mangé avant maturité complète. Seulement, c'est précisément ce que nous voulons. Si la récolte se faisait régulièrement, les gradés et les soldats prendraient tout et les recrues pourraient se brosser le ventre. Mais les anciens sont trop paresseux pour aller aux champs faire des récoltes anticipées. Les jeunes seuls y vont, et comme c'est à eux que fruits et légumes sont destinés, notre but est atteint. »

Ces cultures vivrières, au surplus, sont loin de suffire à l'alimentation des troupes. Mais le commandant fait tirer, chaque semaine, deux ou trois hippos, qui pullulent dans les îles herbeuses du fleuve. De plus, pour compléter la ration quotidienne, qui comprend, entre autres choses, 175 grammes de poisson et 1 kilo de manioc, sous forme de « chikwangue », on a recours à l'impôt en nature.

Tous les cinq jours, les habitants de la région doivent apporter au camp du poisson, si ce sont des pêcheurs, ou bien trois kilos de chikwangue, si ce sont des gens de l'intérieur. Cette ration leur est payée, mais à raison de 5 centimes seulement (1 mitako, valant exactement 3,5 centimes), alors que, sur le marché libre, elle vaut 15 centimes (3 mitakos).

Il y a quelque temps, une circulaire de l'administration centrale prescrivit de payer aux indigènes, pour les fournitures obligatoires, le prix du marché. Ils reçurent donc à Irebu, pendant quelques semaines, 15 centimes par ration. Mais une nouvelle circluaire arriva qui annula la première, et on les remit à 5 centimes !

Seulement, on leur promit qu'à partir du 1er janvier 1909 ils recevraient 10 centimes, et, grâce à la popularité du commandant Jeuniaux, ces étranges variations de prix furent accueillies sans trop de murmures.

Je demandai au commandant si les indigènes, au lieu de payer l'impôt en nature, n'aimeraient pas mieux le payer en argent — 9 ou 12 francs par an, par exemple — et si, d'autre part, ils apporteraient assez de chikwangue, dans l'hypothèse où l'on supprimerait la contrainte et où on les paierait au prix du marché ?

Sur les deux points la réponse fut catégoriquement affirmative. M. Jeuniaux me dit, en outre, que les noirs tenaient d'autant plus à être payés en argent que la factorerie d'Irebu refuse de leur vendre de la bière, des étoffes ou des marchandises contre paiements en nature. Aussi a-t-il demandé au gouvernement de pouvoir payer en espèces et espère-t-il que le nouveau régime fonctionnera à partir du 1er janvier 1909.

Je devais, d'ailleurs, avoir bientôt après une confirmation curieuse de ce fait que les indigènes du fleuve tiennent beaucoup à l'introduction de la monnaie.

Ce matin même, deux chefs de villages voisins ayant appris qu'un « chef d'Europe » était à la station demandent à me parler. Le commandant Jeuniaux veut bien nous servir d'interprète et le dialogue suivant s'engage :

L'un des chefs. — Le blanc ne peut-il pas nous promettre de parler pour nous quand il rentrera dans son pays, afin que, dorénavant, nous soyions payés en monnaie et plus en marchandises ?

Moi. — Il y a déjà longtemps que j'ai parlé de cette question, et j'espère que, bientôt, satisfaction vous sera donnée.

Le commandant (après traduction). — Le blanc parle beaucoup dans les palabres belges. Depuis des années il a pris la défense des noirs au Congo.

L'un des chefs. — Nous espérons que, maintenant, tout va aller bien et que les choses iront dans nos villages comme dans les villages de Belgique.

Je promis à mes nouveaux amis d'aller les voir, quand je descendrai, et, en signe d'amitié, ils m'offrirent un canard et deux poules, qui allèrent rejoindre les cadeaux innombrables, comestibles et autres, dont le commandant et Mme Jeuniaux nous ont comblés.

Le soir, nous dînons chez eux, comme on ne dîne qu'en Belgique. — N'y sommes-nous pas désormais ? — Je n'ose publier le menu ; on se rendrait compte que le principal danger d'un voyage au Congo, c'est la gastrite. Je manquerais cependant à un devoir d'élémentaire gratitude si je ne proclamais pas que les côtelettes de poule, les pâtés de pintade, les compotes de mangues et les galettes à la confiture de la commandante étaient dignes de paraître à la table de Boula Matari en personne !

Tous les deux ou trois jours, Vanderlinden et moi nous disons que, cette fois, nous avons définitivement rompu avec la civilisation, et cependant, à chaque nouveau poste, nous constatons que, partout où il y a des Belges, on est sûr, comme disait naguère ce pauvre M. De Bruyn, « qu'il y a un bon repas à la clé ».

Je sais bien que, d'après les on dit, dans certains postes de l'intérieur, les ravitaillements se font souvent et longtemps attendre. Mais somme toute, aux griefs justifiés que l'on a pu avoir contre feu l'Etat du Congo, on ne peut ajouter celui de ne pas ravitailler ses agents d'une manière convenable. Le commandant Jeuniaux nous a montré la pharmacie du

SUR LA RIVE DU FLEUVE

camp et les magasins à vivres. Il n'y manquait vraiment rien. Quant au reste, c'est autre chose, et ce ne doit pas toujours être commode d'être privé, pendant de longs mois, de clous ou de verres de lampe. On en sait quelque chose à Irebu comme ailleurs.

Nous avons quitté le commandant Jeuniaux avec la meilleure impression, peut-être, que nous ayions eue au Congo. Mais, en m'en allant, je me disais que les magnifiques résultats obtenus à Irebu, bien loin de plaider en faveur du système de la contrainte, prouvent à quel point, quand on veut y mettre de la bonne volonté, cette contrainte est aussi inutile qu'injustifiable.

Ces plantations sont faites par les soldats engagés pour sept ans, moins pour avoir des militaires que des travailleurs au rabais ; ces vivres sont payés aux indigènes le tiers de ce qu'ils valent ; on les punirait s'ils se refusaient à les apporter ; et, cependant, rien ne serait plus facile que de trouver des travailleurs pour les plantations, sans aller les ramasser, sous prétexte de conscription, dans les régions les plus éloignées du Congo : il suffirait de payer mieux, de ne pas faire des économies sordides en obtenant, par la contrainte, de la main-d'œuvre à vil prix. Car tel est bien le dilemme qui s'offre à la Belgique : ou bien le « truck system », le travail forcé, la main-d'œuvre servile, avec la faible productivité qui en est toujours la conséquence ; ou bien des sacrifices d'argent momentanés, mais le travail libre, l'équitable rémunération des travailleurs, le relèvement moral et matériel des indigènes.

Comme nous nous promenions aux alentours du camp, je demandai encore au commandant Jeuniaux si l'on recrutait dans la région des travailleurs pour le chemin de fer des Grands-Lacs, situé à vingt jours de voyage d'Irebu ?

— On m'en a demandé six, me répondit-il, mais j'espère les obtenir des chefs sans devoir recourir à la contrainte.

Soit, mais combien d'autres agents, moins humains, font « amarrer » les premiers venus pour se mettre en règle, et combien de temps la Belgique tolérera-t-elle le maintien d'un système de travail qui asservit ceux à qui on l'impose et qui déshonore ceux qui en tirent profit ?

***

L'IMPOT EN TRAVAIL AU LAC TUMBA

Je viens d'avoir une longue conversation avec un fonctionnaire qui est, de l'avis général, un des hommes les plus remarquables du haut personnel de l'Etat du Congo. J'attachais une grande importance à ce qu'il pourrait me dire au sujet des problèmes que soulève la reprise par la Belgique, et je ne crois pas trahir sa pensée en constatant qu'il est rien moins qu'optimiste quant à l'avenir économique immédiat de notre nouvelle colonie.

Il y a les mines, c'est entendu; mais dans combien de temps rapporteront-elles ?

On a fait des plantations, un peu partout; il n'y a pas un poste sur le fleuve où il n'y ait des caféiers, des « ireh » ou des « hevea », des lianes à caoutchouc; mais beaucoup de plantations de café ont été faites en dépit du bon sens, dans le seul but de toucher les primes promises par l'Etat; nombre d'entre elles sont dans un état de quasi-abandon, faute de main-d'œuvre; et, somme toute, le café du Congo

FEMMES APPORTANT LEURS VIVRES AU CAMP

ne suffit même pas à la consommation intérieure; quant au caoutchouc, il faudra quinze ans au moins, d'autres disent vingt-cinq ans et plus, avant que les lianes ne soient exploitables, en admettant qu'elles le soient jamais, et cinq ou six ans, d'autres disent davantage, avant que les plantations d'ireh ou d'hevea, qui paraissent plus sérieuses, puissent rapporter quelque chose.

En attendant, il n'est pas douteux que, par suite de la baisse des prix, du mauvais vouloir des indigènes, du relâchement de la contrainte, de l'épuisement des lianes, dans certaines régions tout au moins, le caoutchouc des forêts sera loin de donner, dans les prochaines années, les récoltes d'antan.

Pour ne parler que de l'Equateur, la production mensuelle, dans l'ancienne concession de l'Abir, est tombée à 7 ou 8 tonnes, alors que jadis elle dépassait 100 tonnes. Dans le reste du district, elle n'est plus que de 19 à 20 tonnes.

Il est vrai que, dans ces derniers temps, on a étendu les impositions en caoutchouc à quelques régions non encore exploitées, mais au prix de grandes difficultés pour de maigres résultats.

M. X. nous raconte, par exemple, les efforts qu'on a dû faire pour imposer, à raison d'un kilo de caoutchouc par mois, les populations du lac Tumba, restées jusqu'ici réfractaires à l'impôt.

Le commissaire du district de l'Equateur voyagea pendant plusieurs mois dans la région, avec une imposante escorte

UN TAS DE CHIKWANGUES

de cent hommes, allant de village en village, négociant avec les indigènes, s'efforçant d'obtenir, sans devoir recourir à la force, leur soumission à l'impôt. Mais, invariablement, le même dialogue s'engageait :

— Nous ne ferons pas de caoutchouc.

— Il faut que vous en fassiez.

— Nous n'en ferons pas et ce sera la guerre.

— Je ne veux pas vous faire la guerre. Vous voyez bien que je ne prends pas vos femmes et que je ne vous fais aucun mal.

— C'est nous qui ferons la guerre.

— Que pouvez-vous, avec vos couteaux et vos lances, contre nos albinis ?

— Nous abandonnerons nos cases et nous nous refugierons dans la forêt.

— Vous aurez froid ; vous aurez faim ; et, pendant ce temps-là, mes soldats mangeront vos bananes et votre manioc. Mieux vaut donc vous soumettre. Je reviendrai dans trois semaines et je compte que vous m'apporterez alors votre kilo de caoutchouc par tête.

LE MARCHÉ

Trois semaines après, un parti s'était formé qui inclinait à la soumission. Quelques indigènes se décidaient à apporter un peu de caoutchouc. Des instances nouvelles les amenaient à se libérer d'une manière plus complète et, finalement, la population tout entière se résignait à accepter les lois de l'Etat et à subir la corvée du caoutchouc.

« Mais combien de temps cela durera-t-il ? ajoutait notre interlocuteur. Pas plus de trois ans au maximum, car, avant trois ans, il n'y aura plus guère de caoutchouc dans la contrée. Ce qui restera, c'est le mécontentement des indigènes, et, pour ma part, je le dis nettement : la contrainte peut être nécessaire pour le portage ou pour les fournitures de vivres, mais, en ce qui concerne le caoutchouc, je me prononce, sans réserve, pour l'abolition du travail forcé. »

⁂

Coquilhatville

Au débarcadère des bateaux à vapeur, il n'y a que des magasins. Le gros de la station est à dix minutes. Des allées magnifiques, plantées de manguiers et de bambous, y conduisent. Dans la foule bigarrée qui se presse sur notre passage, nous remarquons, parmi les soldats et les travailleurs de l'Etat, vêtus de la tête aux pieds, les pieds non compris, un grand nombre d'autochtones, des Wangata, à peu près nus, reconnaissables à leur couleur chocolat et à leur chevelure tressée en forme de cornes tombant sur le front.

M. Bertrand, commissaire du district de l'Equateur, que nous allons saluer, propose de faire une promenade, avant que le soleil ne soit trop haut sur l'horizon, et, en sa compagnie, nous consacrons la matinée à la visite des plantations, de la ferme d'élevage, des séchoirs à café et à cacao, qui paraissent assez chétifs auprès de ceux de Temvo et de l'Ursélia.

L'après-midi, nous allons voir deux villages indigènes.

Le premier est tout à côté du commissariat du district. Les noirs qui l'habitent sont en contact journalier avec les blancs, et, somme toute, ne diffèrent pas beaucoup des soldats et des travailleurs de la station. C'est aujourd'hui samedi, et l'on danse. Au moment où nous arrivons, les « tam-tam » font rage. Les hommes d'un côté, les femmes de l'autre se trémoussent avec frénésie, sans se soucier du soleil qui perce à travers les palmiers. Tout le monde ici est vêtu à la dernière mode d'Afrique : ces messieurs les nègres ont le chapeau de paille et la veste de coutil ; les dames s'enveloppent avec élégance, dans la pourpre, l'indigo, le blanc ou l'écarlate de leurs pagnes, d'où jaillit, superbement, le bronze lisse de leurs épaules. Leur figure peut être laide, mais la grâce de ce vêtement fait songer à ces statues de danseuses, d'airain sombre, qui sont au Musée de Naples et qui viennent d'Herculanum.

Près de la station donc, la civilisation s'est infiltrée, mais, à une demi-heure de là, dans l'autre village, nous tombons en pleine sauvagerie. M. Bertrand a beau être avec nous, personne ne se lève pour nous faire accueil. Quelques hommes restent assis autour de leur feu, et nous jettent un regard en dessous, à la fois craintif et farouche. Dans la pénombre des paillottes, de misérables créatures aux seins flasques, n'ayant de la femme que la curiosité, tâchent de nous voir sans être vues. Une seule d'entre elles, qui porte le pagne et ne doit pas être d'ici, accoste Vanderlinden, qui a un kodak, et lui propose deux canards s'il veut faire son portrait. Pour faire fuir les autres, il suffirait sans doute de braquer l'objectif sur elles.

C'est égal, les indigènes de Coquilhatville ne ressemblent pas beaucoup aux sauvages que les écrivains du XVIIIe siècle proposaient comme modèles à nos civilisations corrompues. Peut-être en est-il autrement dans les régions qui ne sont pas encore réellement occupées par les blancs, mais, en toute sincérité, j'ai rarement vu, dans les plus affreuses de nos impasses, des gens qui m'aient paru aussi sales, aussi faméliques, aussi dégradés à tous les points de vue, que les Wangata.

Tant que nous étions dans le Bas, et même dans les premiers postes du Haut, le noir nous apparaissait sous les espèces du soldat au pimpant uniforme, du travailleur vêtu à l'européenne, de la femme des stations, plus coquette et mieux habillée, avec son simple pagne, que la plupart des femmes du peuple de chez nous; mais, ici, rien de pareil, et l'on se demande vraiment ce que la conquête blanche a donné à ces populations, en échange de ce qu'elle leur a pris.

Je sais bien qu'il ne faut pas généraliser et que, si l'on revient vers les rives du fleuve, il est possible de trouver des gens qui doivent avoir plus gagné que perdu au contact des étrangers. Ce sont, par exemple, les pêcheurs qui fournissent du poisson frais aux stations, en dehors des prestations :

obligatoires, ou bien ceux qui font un peu de commerce avec les passagers des bateaux venant de Léopoldville.

Ici comme à Irebu, la grande préoccupation des indigènes

L'HOPITAL DES NOIRS A COQUILHATVILLE

de cette catégorie, c'est d'avoir de l'argent, pour se débarrasser de la corvée des vivres, en payant leurs douze ou leurs vingt-quatre francs par an. Et, comme l'Etat ne se presse guère de leur donner satisfaction, ils arrivent, tout de même, à s'en procurer, soit en vendant des vivres aux missions protestantes, qui paient en espèces, soit en trafiquant avec les passagers des bateaux, soit en allant « acheter » des francs, contre des marchandises ou des mitakos, dans la partie française de l'Oubangi.

Il en résulte, d'une part, que les vivres arrivent plus difficilement à la station, parce que beaucoup de prestataires s'acquittent en argent (1), et que, d'autre part, quand les blancs veulent acheter quelque chose sur le marché libre, avec des mitakos ou des étoffes, on leur fait payer des prix exorbitants.

L'autre jour, pendant un arrêt du bateau, je m'amusais à regarder le petit trafic des gens du bord avec les gens de la rive. L'un de ces derniers proposait un lot considérable de

(1) Dans certaines stations du fleuve, pour empêcher que les prestataires paient leur impôt en argent, on a refusé les francs français ou belges, sous prétexte « qu'ils n'avaient pas cours au Congo ! »

poisson fumé pour 3 fr. 50 en *espèces ;* tandis qu'à côté de lui un autre indigène offrait à peine deux misérables petits poissons, pour des *étoffes* côtées 4 francs dans les magasins de l'Etat.

Aussi n'est-il pas étonnant que les travailleurs et les agents de l'Etat soient aussi désireux que les indigènes de voir introduire la monnaie. Partout où nous allons — ce matin, par exemple, au jardin botanique d'Eala — c'est la même question qu'on nous pose :

— Croyez-vous que l'argent va venir ?

Et partout, naturellement, nous devons faire la même réponse : la chose paraît décidée en principe ; le tout sera d'empêcher que, sous couleur de « transitions » et de « réformes progressives », on tarde plus longtemps à abolir un régime de « truck system » qui, somme toute, quand il est pratiqué dans d'autres pays, non par un Etat, mais par certains chefs d'industries, les expose à des poursuites correctionnelles.

***

Le jardin botanique d'Eala

Des instructions ayant été données par le gouverneur pour que notre steamer se détourne de sa route, nous avons pu visiter le beau jardin botanique d'Eala.

Eala est sur la Ruki, à une demi-heure de bateau de Coquilhatville. Un décret du 3 février 1900 y a créé un jardin botanique et un jardin d'essai.

Le jardin botanique réunit « une collection aussi complète que possible de spécimens de la flore indigène, et, aussi, les végétaux exotiques, tropicaux ou intertropicaux, utiles au point de vue commercial et industriel, et dont l'acclimatation paraît pouvoir être utilement tentée ».

Le jardin d'essai sert exclusivement à la culture expérimentale des plantes susceptibles d'être produites dans de vastes proportions : caféiers, cacaoyers, arbres à caoutchouc, etc. C'est la grande pépinière du Congo. Elle pourvoit les différents districts de l'Etat de plantes économiques, et fournit également aux établissements botaniques de l'étranger, ainsi qu'aux entreprises particulières, des graines, des boutures ou des plants.

Le distingué directeur intérimaire d'Eala, M. Seret, nous attendait à la rive, et, après nous avoir offert le déjeuner du

PALMIERS

matin, nous conduisit, pendant près de deux heures, dans les parties les plus intéressantes de son domaine. Il faisait équatorialement chaud, et plusieurs de mes compagnons, peut-être, aspiraient à se retrouver sur les chaises longues, au frais de la brise du fleuve ; mais, pour ma part, je n'ai pas éprouvé le désir d'abréger une promenade qui m'a permis d'admirer une belle œuvre et, grâce à M. Seret, de beaucoup voir et de beaucoup apprendre.

Je ne parle pas, naturellement, de l'intérêt que les jardins d'Eala doivent présenter pour un botaniste ou un horticulteur de profession ; mais, pour un profane comme moi, rien de plus instructif que leur visite. Voici des années, en effet, qu'à propos du Congo, ou d'autres colonies, j'entends parler constamment d'arbres à caoutchouc, de manioc, d'arachides, de caféiers, de cacaoyers; mais, de même que certains Parisiens n'ont jamais su distinguer un chou d'une laitue, avant de venir ici je n'avais jamais eu l'occasion de voir des plantes comme le manioc, l'arachide, le caféier, le cacaoyer, ou la plupart des variétés d'arbres à caoutchouc.

Depuis le Mayombe, j'avais, en partie, comblé ces lacunes, mais à Eala mon ignorance a trouvé toutes les cultures imaginables, et grâce à M. Seret, j'ai pu obtenir, par exemple, sur les plantations et les modes de récolte du caoutchouc, de précieuses explications.

HEVEA (ARBRES A CAOUTCHOUC)

Nous avons quitté Eala avec une excellente impression, et c'est avec un véritable plaisir que, dans cette relation où des critiques, en vue d'améliorer, tiennent forcément beaucoup de place, je rends hommage à ceux qui ont conçu et réalisé le « Buitenzorg » du Congo.

Ce n'est pas à dire, cependant, que l'on ne pourrait faire mieux, si le personnel était plus nombreux ; mais, pour que le personnel fût plus nombreux, il faudrait que les salaires fussent moins bas.

« Comment voulez-vous, me disait-on, que des travailleurs du Kassaï, venus ici comme soldats, à 21 centimes par jour, plus la ration, restent à Eala, quand leur terme expire, pour un salaire de 3 francs par mois, plus la nourriture ? Aussi, quantité de travaux urgents doivent être ajournés faute de bras. Nous devrions avoir ici 300 travailleurs ; nous n'en avons que 270. Mais cela va changer, n'est-ce pas ? Maintenant que la Belgique a repris le Congo, elle aura à cœur, sans doute, de combler les trous de notre budget ? »

J'opinai du bonnet, non sans me faire cette réflexion que j'avais entendu bien souvent un langage analogue depuis un mois, et que, si l'on satisfait seulement au centième des justes réclamations qui s'élèvent de toutes parts, les premiers budgets de la Belgique ne ressembleront guère au dernier budget de l'Etat Indépendant !

IREH (ARBRES A CAOUTCHOUC)

*
* *

LA MISSION ANGLAISE DE LULONGA

Il est difficile d'imaginer un pays plus désert que les rives du Congo, sous l'Equateur. De Coquilhatville à Lulonga, pas une clairière dans la forêt ; pas un village ; à peine deux ou trois postes de bois, avec un personnel étranger à la région. Depuis que nous sommes entrés dans la grande Sylve équatoriale, le paysage n'a pas changé ; les heures passent, puis les jours ; le bateau glisse, à l'infini, sur le fleuve tranquille, couleur de thé ; et c'est toujours, du matin au soir, la même chose : le ciel, l'eau et la grande ligne des arbres, bleuissant à l'horizon.

On pourrait croire, à lire cette description, qu'un voyage sur le Haut-Fleuve doit être la chose du monde la plus monotone, et, à vrai dire, c'est l'opinion de bien des gens. Parmi nos compagnons de route, il en est très peu qui abandonnent, quelquefois, leur partie de bac, ou leur partie de cartes, pour jeter un coup d'œil autour d'eux ; et cependant, s'ils voulaient s'en donner la peine, je ne doute pas qu'ils finiraient par sentir combien ce fleuve est indiciblement beau, surtout au coucher du soleil, quand il roule ses flots d'or et de pourpre, entre les masses sombres de la forêt.

A Lulonga, où la Maringa et le Lopori, confondus, débouchent paresseusement dans le fleuve, il y a deux Missions, la Congo Balolo Mission, protestante, et une Mission catholique, anglaise également, ou plutôt irlandaise, qui paraît avoir été créée, surtout, pour contrecarrer l'action de la première.

J'avais une lettre d'introduction pour les missionnaires de la C. B. M., qui sont actuellement au nombre de cinq, dont une dame. Deux d'entre eux étaient à la rive. Ils nous firent les honneurs de leur maison, dont l'extrême confort fait un contraste singulier avec ce que nous avions vu, auparavant, dans les Missions catholiques. Dans ces dernières, le plus souvent, les religieux disposent à peine de ce qui est nécessaire pour ne pas coucher à la belle étoile. Cela fait certes honneur à leur ascétisme, mais, tout de même, leur vie ne serait pas moins édifiante si la nappe de la table était plus propre et s'ils utilisaient un peu plus fréquemment leur malle-bain !

Il n'y a pas, à Lulonga comme à Bolobo, de colonie indigène. La place manquerait, d'ailleurs, car le terrain concédé à la Mission n'a que dix hectares. Mais, à côté, le long de la rive, se trouve un village que nos hôtes proposent de visiter. L'aspect, il faut bien le dire, est assez misérable. Les gens qui nous regardent passer ont l'air sauvage et morne. Ils ne témoignent point, par leur accueil, la moindre sympathie pour leurs voisins de la Mission.

Ces messieurs nous disent qu'il y a une quinzaine d'années les diverses sections de ce village comptaient plus de 6,000 habitants. C'est d'ailleurs le chiffre que donne, d'après Coquilhat, la monographie des Bangala, de Van Overbergh. Aujourd'hui, il reste à peine un millier d'indigènes le long du fleuve.

Je demande si cette dépopulation doit être attribuée, soit à la maladie du sommeil, soit à l'émigration des indigènes vers l'intérieur ?

« La maladie du sommeil, me répond M. Somerville Gilschrist, atteint de 5 à 8 p. c. des indigènes, mais elle n'a commencé ses ravages à Lulonga qu'il y a cinq ou six ans. Or, à cette époque, la population avait déjà fortement diminué. D'autre part, il ne semble pas que les habitants de la rive aient émigré vers l'intérieur ; seulement, pour échapper aux impositions dont l'Etat les accablait, beaucoup avaient, naguère, l'habitude de se réfugier et de se cacher dans les îles du fleuve, où, exposés aux intempéries, et vivant de privations, ils avaient une très forte mortalité.

« Aujourd'hui encore, les taxes sont proportionnellement aussi fortes que jadis, étant donnée l'énorme décroissance de la population. Elles sont payées par les hommes en poisson, par les femmes en chikwangues ; et servent à entretenir les gens du poste de l'Etat, où il y a treize soldats et quelques travailleurs, ainsi que le personnel de la Mission catholique. »

C'est un fait intéressant à noter, en effet, que, dans beaucoup de régions du Congo, les fournitures obligatoires de vivres sont faites, non seulement pour nourrir le personnel de l'Etat, mais pour alimenter les Missions, qui reçoivent les prestations d'un ou deux villages. Il résulte — et ce peut être parfois une prime au silence — que les Missions sont directement intéressées au maintien de la corvée des vivres.

Encore si ces fournitures obligatoires étaient faites au prix du marché ; mais on est généralement d'accord pour admettre que les « contribuables » ne reçoivent que le tiers, au plus, de la valeur de leurs produits : cinq centimes, par exemple, pour une ration de chikwangue qui en vaut quinze, ou même vingt.

Sans compter que l'évaluation des marchandises, ou de certaines marchandises de paiement par l'Etat, lui assure encore des bénéfices supplémentaires.

C'est ainsi, par exemple, que, dans l'ancien Abir, à Basankussu, le kilogramme de sel est tarifé deux francs dans les postes de l'Etat, alors que la société voisine, la S. A. B., ne l'évalue, dans la même région, qu'à 65 centimes ?

Par conséquent, pour le même salaire nominal, l'indigène reçoit, ou peut acheter trois fois plus de sel dans les magasins de la S. A. B. que dans ceux de l'Etat !

Je dois ajouter, cependant, pour être juste, que, d'après M.

le commissaire de district Bertrand, le prix élevé du sel dans l'Abir s'explique par le fait qu'il est tarifé au même prix dans tous les postes du Congo, quelles que soient les distances ; d'autre part, les autres marchandises, et, par exemple, les étoffes, seraient moins chères et meilleures dans les postes de l'Etat que dans ceux des sociétés privées.

Mais, quoi qu'il en soit, une chose est incontestable, c'est que ces extraordinaires différences de prix, dans une même région, sont un argument de plus pour la généralisation de la monnaie.

***

Une lettre du Révérend Gilschrist

Après notre passage à Lulonga, j'ai reçu une lettre de M. Gilschrist, relative à la corvée des vivres. Il m'a été malheureusement impossible de la soumettre à l'épreuve de la contradiction. Je crois devoir en publier, cependant, le passage essentiel, mais avec cette réserve expresse que je n'ai pu demander, ni à M. Gérard, ni à M. Bertrand, de confirmer ou de rectifier les assertions de M. Gilschrist :

« Actuellement, les indigènes paient leur impôt en vivres ; les hommes en poisson, les femmes en chikwangues. Les hommes doivent porter chaque semaine, au poste de l'Etat ou de la Mission catholique, trois rations de poisson, chacune d'elles pesant, et devant peser trois cents grammes ; les femmes portent une ration de chikwangue pesant de cinq à six kilos. Il y a quatorze mois, l'inspecteur Gérard visita ce village et fixa la taxe individuelle à deux rations de poisson par homme, chacune d'elles devant peser 300 grammes, et à une ration de chikwangue par femme, devant peser 3 kilos. En octobre 1907, quatre ou cinq mois après la visite de M. l'inspecteur, le chef de poste, agissant, disait-il, d'après les instructions du commissaire de district, réclama trois rations au lieu de deux, insistant pour que leur poids fût de plus de 300 grammes. De même, le poids de la ration de chikwangue finit par être porté à 5 ou 6 kilos. Pour chaque ration de poisson, comme pour chaque ration de chikwangue, les prestataires reçoivent 1 mitako, valant 5 centimes.

« Dans ce district, le plus bas prix de vente de ces rations de poisson sur le marché libre est de 20 mitakos ; mais, pendant la plus grande partie de cette année, les eaux ayant été exceptionnellement hautes, le prix de la ration a varié de 30 à 80 mitakos. Si bien que, d'après l'évaluation la plus basse, les hommes ont dû payer à l'Etat ou à la Mission une valeur de 3 francs par semaine, et, en fixant le prix actuel moyen de la ration à 40 mitakos, une valeur de 6 francs par semaine, ou 312 francs par an !

« Durant cette année, j'ai vu fréquemment, dans les villages, manger une sorte d'épinard ou des feuilles de

PIROGUE SUR LE FLEUVE

manioc, sans rien qui ressemblât à du poisson ou à d'autres aliments azotés. Et les gens disaient : « Nous mangeons cela, et à peine sommes-nous couchés que nous nous sentons l'estomac aussi vide que si nous n'avions jamais mangé. »

« Pour ce qui regarde les femmes, le prix de marché des rations qu'elles doivent fournir est de 15 à 20 mitakos. Elles paient donc en moyenne 1 franc par semaine, dont 5 centimes leur sont restitués comme « paiement ». Elles paient donc à l'Etat 49 fr. 40 par an.

« Bref, d'après les évaluations les plus basses, un homme et une femme doivent payer à l'Etat ou à la Mission une somme de 205 francs par an.

« Il y a quelques semaines, j'ai écrit au chef de poste, lui demandant à combien il évaluait les prestations exigées des hommes et des femmes. Il les fixa à 23 fr. 60 par an pour les hommes et 20 fr. 80 pour les femmes, d'après le livre d'instructions détaillées auquel il se référa. D'après le même livre, les prestations à fournir pour les hommes étaient de 52 rations de poisson par semestre, pesant 245 grammes ; pour les femmes, de 26 kwangas par semestre, pesant chacune 3 kilos.

« La situation est donc celle-ci : sur le papier, les indigènes sont taxés à raison de deux rations de poisson pesant moins de 300 grammes et d'une ration de chikwangue pesant 3 kilos. En fait, ils doivent actuellement fournir le double de cette quantité. Sur le papier, ils ont le choix entre payer en nature et payer en argent, par exemple, 43 fr. 20. Mais, en fait, ils n'ont pas de francs. »

Ainsi m'écrit M. Gilschrist. Peut-être ceux qu'il met en cause tiendront-ils à lui répondre. Mais, tout en étant bien le dernier à vouloir prendre la défense du travail forcé, même pour le ravitaillement du personnel des stations, je ne puis m'empêcher de faire observer que les prix indiqués par M. Gilschrist — 15 à 20 mitakos, par exemple, pour une ration de chikwangue — sont énormément plus élevés que les prix habituels du marché libre. C'est ainsi qu'à Irebu la ration de chikwangue se vend couramment 3 mitakos. Il est vrai qu'elle atteint à peine 3 kilos, tandis qu'à Lulonga elle serait de 5 à 6 kilos.

En tous cas, à supposer que l'impôt par couple marié n'atteigne que 43 fr. 20 — chiffre indiqué par le chef de poste — ce serait déjà un impôt exorbitant, au regard de ce que paient les indigènes dans les autres colonies de l'Afrique équatoriale.

***

Nouvelle-Anvers

Pluie diluvienne à l'arrivée. Nous devons attendre jusque deux heures pour faire, avec M. Uyttenhove, commandant de la force publique, la tournée traditionnelle : logement des soldats et des travailleurs, plaine d'exercices, prison, hôpital des noirs, lazaret — celui-ci plus qu'insuffisant — pour les indigènes atteints de la maladie du sommeil.

Nouvelle-Anvers est la plus ancienne station du Haut-Congo. Aussi, les bâtiments, pour la plupart en briques, portant des traces d'humidité, ont un air de vétusté qui ne les rend pas très agréables à voir. Par contre, les allées de manguiers, de palmiers, d'arbres à pain, ayant quelque vingt ans d'âge, sont d'une incomparable beauté.

Comme notre promenade se prolonge à travers les plantations, et que je félicite le commandant de leur étendue, il me répond qu'ici, comme presque partout ailleurs, les résultats ne sont rien moins que brillants. Les caféiers, pour la plupart, ne produisent rien qui vaille. Les arbres à caoutchouc (ſuntumia elastica), qui paraissent avoir plus d'avenir, ne donnent encore que des promesses. On a planté récemment des cotonniers, qui viennent bien, mais ce n'est qu'un essai, d'une portée restreinte. Quant aux cultures vivrières, elles sont, faute de main-d'œuvre, absolument insuffisantes et n'empêchent pas que la question des vivres se pose à Nouvelle-Anvers avec une acuité particulière. Les populations d'alentour, il est vrai, doivent, comme ailleurs, fournir des prestations en poisson ou en chikwangue. Mais ces prestations, à Nouvelle-Anvers, sont insuffisantes, et, à chaque instant, on doit donner aux soldats, faute de vivres, des étoffes pour en acheter. Ils se débrouillent alors comme ils peuvent, mais sont loin de manger à leur faim.

Après nous avoir montré la station, le commandant Uyttenhove nous accompagne au grand village qui touche à Nouvelle-Anvers. Le chef, un descendant, à peu près dépourvu d'autorité, des grands chefs Bangala, nous montre sa maison et ses femmes, qui sont, pour la plupart, de très jeunes et désirables personnes. Il paraît, d'ailleurs, que leur maître a beaucoup de peine à les garder. De temps à autre, l'une d'elles s'enfuit, trouve quelque blanc, ou quelque boy, pour la faire embarquer, on devine à quel prix, et descend jusqu'à Léopoldville, où les missionnaires, qui ont besoin de femmes pour leurs ouailles, se chargent volontiers de lui procurer un nouveau mari.

En parcourant le village, nous voyons, devant les chimbèques, de grandes gourdes, suspendues, le goulot renversé, qui servent à fabriquer de la bière, avec des bananes en fermentation. Plus loin, un indigène exprime le jus de cannes à sucre et le fait couler dans une calebasse, où il se transforme en alcool. On nous fait goûter cette drogue, dont la saveur fait penser à une mauvaise bière blanche, que l'on aurait beaucoup trop alcoolisée.

L'Etat du Congo a pris une louable mesure, c'est entendu, en prohibant l'importation de l'alcool au-delà de la rivière Inkissi ; mais ce serait une grave erreur de croire que les nègres soient, pour cela, de Bons Templiers malgré eux. Ils fabriquent, partout, l'une ou l'autre boisson fermentée : du plombé, de la bière d'éleusine, de sorgho, de cannes, de

UN GROUPE DE FEMMES DE SOLDATS

bananes, ou bien encore du malafou, c'est-à-dire du vin de palmes. Seulement, s'ils boivent, les jours de liesse, jusqu'à tomber ivres-morts, ils ont sur les travailleurs d'Europe l'avantage de ne pas connaître l'alcoolisation à petites doses quotidiennes, qui est infiniment plus nuisible que les saouleries périodiques.

De l'autre côté de Nouvelle-Anvers, près de la Mission de Scheut, dont l'église, d'un vilain jaune, s'aperçoit de toutes parts, il y a un second village, placé sous l'influence des Pères, où la monogamie, naturellement, est de règle.

Avant de visiter, nous nous présentons au Père de Boeck, qui nous fait, avec beaucoup de bonne grâce, les honneurs de sa Mission et de la colonie scolaire qui y est annexée.

Mon impression, ici, est bien meilleure qu'à la Colonie de Boma, ou même à la Mission de Kangu.

Certes, il serait téméraire de prétendre porter un jugement, favorable ou défavorable, sur une œuvre, quand on se borne à passer et à échanger quelques politesses avec ceux qui vous reçoivent ; mais, si peu de temps que nous soyons restés à la Mission de Nouvelle-Anvers, je ne crois pas me tromper en disant que c'est une entreprise très bien menée. Les bâtiments sont spacieux. Les jardins, avec leurs parterres de fleurs, et leurs allées de lauriers roses, avec de belles vues sur le fleuve, mettent une note de beauté dans ce séjour austère. La Colonie paraît être dans de meilleures conditions que celle de Boma. Certes les dortoirs, avec leurs couchettes en bambou, pourraient être plus propres ; mais les salles de classes sont claires et gaies ; les enfants ont un air de santé et d'intelligence qui fait plaisir à voir ; les méthodes d'enseignement ne paraissent plus empruntées, comme à Boma, aux écoles d'ignorantins d'il y a vingt-cinq ans. Je n'ai pu jeter qu'un coup d'œil rapide sur les livres de classe, mais j'en ai assez vu pour me convaincre qu'ils parlaient aux enfants des choses familières, accessibles à leur intelligence, et que les jeunes moniteurs noirs, anciens élèves eux-mêmes de la Mission, n'abrutissaient pas les marmots confiés à leur garde, en leur infligeant des exercices d'analyse grammaticale ou en leur parlant, comme à Boma, des druides et des druidesses de la Gaule antique !

Quant au village indigène de la Mission, je ne prétends pas que, comparé au village de « païens » que nous avons visité tout à l'heure, le progrès soit énorme ; mais, tout de même, il y a progrès. Les cases sont plus propres et mieux aménagées ; les gens sont habillés avec décence ; les indigènes qui saluent le Père de Boeck paraissent avoir pour lui une réelle sympathie.

Je dois ajouter que l'on ne nous a point parlé, à Nouvelle-Anvers, d'histoires d'enfants arrachés à leur village, malgré leurs proches, pour être mis à la Colonie. Le seul grief de certains indigènes contre les Pères, ce sont les efforts de ceux-ci pour combattre la polygamie, sans trop se soucier des intérêts que cette propagande peut léser.

Le commandant Uyttenhove nous avait prié à dîner. Il nous fallut donc, à regret, prendre congé du Père de Boeck, pour procéder à nos ablutions vespérales, et, à sept heures, nous étions à table chez le commandant, avec notre compagnon de voyage, le commandant Olsen, et les substituts, tous deux Scandinaves, du parquet de Nouvelle-Anvers.

Après dîner, la conversation tomba sur la question des réformes. Personne ne prit la défense de la corvée du caoutchouc, qui paraît définitivement condamnée dans l'esprit de tous, mais on soutint que la contrainte au travail était à la fois légitime et nécessaire, quand il s'agissait de travaux publics devant profiter aux indigènes : asséchement de marais, curages de fossés, ponts, routes, etc., ou bien — et ceci est infiniment plus discutable — pour la fourniture obligatoire de vivres aux blancs et aux noirs occupés dans les postes de l'Etat.

On parla aussi de la tragique affaire de la « Ville de Bruges », le steamer qui, récemment, chavira dans une tornade, en aval de Lisala. Sur six blancs qui s'y trouvaient, un seul parvint à se sauver. Les autres furent tués par les indigènes de la rive, dans un pays où passent toutes les semaines des bateaux à vapeur, où il y a des Missions et un camp, avec des centaines de soldats.

Les auteurs de cette tuerie ont été découverts, capturés et pendus sur la plaine d'exercice de Lisala.

A ce propos, s'engage une discussion sur la peine de mort, dont les coloniaux présents ne veulent pas en Europe, mais qu'ils jugent indispensable en Afrique.

« On peut admettre ou ne pas admettre la colonisation, me dit l'un d'eux, mais, du moment où on l'admet, il faut l'admettre avec toutes ses conséquences. Or, nous sommes au Congo un peu plus de deux mille blancs, au milieu de plusieurs millions d'indigènes, qui nous haïssent et n'ont qu'une pensée : nous chasser ou nous massacrer, tous tant que nous sommes. Dans ces conditions, si vous supprimez la peine de mort, il ne nous reste plus qu'à faire nos malles. Nous sommes ici en conquérants. Nous ne régnons que par la terreur. Je veux bien que pendre un homme soit un vilain geste, mais c'est parfois un geste indispensable. »

Au surplus, tout le monde trouve ici qu'il est moins cruel — j'allais écrire plus humain — de tordre le cou à un indigène que de l'envoyer mourir en prison à Boma.

On sait que les délinquants, condamnés à plus d'un an de détention, ne subissent pas leur peine dans les prisons régionales. On les envoie à Boma. Pour les noirs du Haut, c'est une terrible aggravation de peine. Ils souffrent d'un climat très différent du leur. Ils ne s'habituent point à manger du riz et du poisson sec au lieu de chikwangue. Ils ne tardent pas à être pris de nostalgie. Bref, dans la règle, ils meurent, ils meurent de solitude, dirait Anatole France, au bout de deux ou trois ans.

L'un des substituts, M. Johannsen, nous raconte, à ce propos, une histoire vraiment lamentable, qui montre bien ce qu'il y a d'abusif à appliquer nos codes à des populations dont la moralité diffère profondément de la nôtre. Chez nous, par exemple, toute responsabilité est essentiellement individuelle, et les lois sont faites en conséquence. Pour les noirs, au contraire, toute responsabilité est solidaire, et cette solidarité détermine toute leur conduite.

Dernièrement donc, un jeune chef Budja, rentrant chez lui, après une chasse, apprend que sa mère vient d'être assassinée par un individu appartenant au village voisin. Aussitôt, il prend sa lance, et, sans rechercher quel peut être individuellement le coupable, il tue, conformément à la coutume indigène, le premier habitant qu'il rencontre au village de l'assassin. Puis, ayant accompli ce que sa morale traditionnelle lui commande, il va se constituer prisonnier au premier poste de l'Etat.

—C'était, ou, plutôt, c'est un bien charmant et doux garçon, me dit M. Johannsen ; mais la loi est formelle. Il avait tué, avec l'intention de tuer. J'ai dû requérir contre lui. On l'a condamné au minimum : dix ans de servitude pénale. Et, maintenant, il est à Boma, où il sera mort avant deux ans !

— Mais ne peut-on, du moins, le gracier ?

— Cela ne dépend pas de nous, mais du Roi-Souverain.

En effet, cela dépend du Roi-Souverain. Il a le droit de grâce. Il peut empêcher que cet homme ne meure, pour n'avoir pas fait autre chose que ce que lui commandaient la morale et la coutume de ses ancêtres.

Eh bien ! cette grâce, je la demande. Si le récit que je viens de faire est exact, cette grâce s'impose. Ce ne sera pas seulement un acte de pitié. Ce sera un acte de justice.

***

MOBEKA
LE PROCÈS DE LA MONGALA

J'ai rarement vu un endroit aussi triste que Mobeka, le poste d'entrée de la Mongala.

C'est ici que, naguère, la Société Anversoise, la S. C. A., de sinistre mémoire, avait ses bureaux. C'est ici qu'ont passé, depuis quinze ans, des quantités énormes de « caoutchouc rouge ». Rien que l'aspect de la station, d'ailleurs, en dit long sur les relations qui existent entre les blancs et les indigènes. Ce n'est pas un poste ; c'est une forteresse. De hauts murs l'entourent de toutes parts, sauf du côté de la rivière. Un écriteau, placé en évidence, porte : « Il est défendu de circuler dans le poste. » Au moment où nous arrivons sous la pluie, quelques soldats expulsent, avec leur brutalité coutumière, des femmes qui voulaient assister au débarquement.

Notre arrivée à Mobeka était annoncée par un télégramme du commissaire de district. Le chef de poste et le chef de secteur viennent à notre rencontre, nous invitent à partager leur repas du soir, et, entre la banane et le fromage, nous parlent longuement du procès qui va bientôt se juger ici, et dans lequel sont engagés presque tous les agents de la Mongala, y compris eux-mêmes.

On sait que, depuis plusieurs années déjà, après la révélation des horreurs commises par les hommes de la S. C. A., l'Etat lui a enlevé le droit de récolter le caoutchouc dans la Mongala, mais sous l'engagement de le récolter lui-même et de le livrer à la société concessionnaire au prix de 4 francs le kilo.

Il était permis de croire que, dans ces conditions, les indigènes étant moins pressurés, la production du caoutchouc serait moins forte. Or, c'est le contraire qui se produisit. En

1905, et en 1906, le commandant X., un jeune officier belge, étant chef de zone, la production mensuelle s'éleva régulièrement à 60 tonnes, ce qui n'était presque jamais arrivé du temps de la S. C. A.

Personne, à l'Etat du Congo, ne paraît s'être inquiété des moyens employés pour obtenir cette production anormalement forte. Mais l'évêque catholique de Nouvelle-Anvers, Mgr. Roelens, et les missionnaires protestants d'Upoto veillaient. Au début de 1906, ils dénoncèrent, à charge du commandant X. et d'autres agents, placés sous ses ordres, des faits d'une extrême gravité. Une enquête fut ouverte. Elle n'aboutit point, tout d'abord, et on laissa partir X. Mais à peine était-il embarqué que de nouveaux témoignages se produisirent et que, finalement, il fut mis en accusation devant le tribunal qui doit siéger prochainement à Mobeka, pour avoir ordonné des arrestations illégales, avoir fait frapper à coups de crosse par ses soldats les indigènes soumis à la contrainte et avoir causé ainsi la mort de plusieurs personnes, avoir fait mourir d'autres individus mis à la chaîne, en les accablant de mauvais traitements, avoir assassiné vingt-sept personnes nominalement désignées dans l'assignation, avoir détruit et brûlé plusieurs villages.

D'après ce que l'on m'a dit, le commandant X. fera défaut. Il restera tranquillement en Belgique, où, à son retour, il a repris son service d'officier. Mais le menu fretin est resté dans les nasses du parquet. Les sous-ordres de X., que nous avons rencontrés un peu partout dans la Mongala, sont poursuivis, pour des faits plus ou moins graves ; et ce soir même, au mess de Mobeka, il y a deux agents, au moins, qui sont à la disposition de la justice et qui nous disent, avec amertume, leur situation misérable, entre leurs chefs immédiats, qui les notent mal s'ils ne font pas assez de caoutchouc, et les magistrats qui les poursuivent si, pour en faire, ils emploient la manière forte.

Je leur demande comment il se fait que, le système des primes ayant été supprimé, les agents de la Mongala, n'y ayant aucun intérêt personnel, ont pu commettre des délits ou des crimes ?

— Ah ! me dit-on, c'est bien simple. Officiellement, c'est l'Etat qui explore les forêts de la Mongala. En effet, c'est encore et toujours la S. C. A. S'il n'arrivait pas à Anvers beaucoup de kilos de caoutchouc à quatre francs, elle ferait de très mauvaises affaires. Aussi s'est-elle arrangée — par les moyens usités en pareil cas — pour que les récoltes soient aussi abondantes que par le passé.

— Et maintenant ?

— Maintenant la production a diminué dans des proportions énormes. Elle est tombée de 60 tonnes à moins de 20 tonnes par mois. Et ce n'est pas fini. Après le procès de Mobeka, les indigènes ne voudront plus travailler du tout. Partout où les substituts passent, voyez-vous, le caoutchouc est fini. Ils ne sont pas du pays. Ils croient toujours les indigènes. Ils sont impitoyables pour les blancs. Ils ne veulent pas comprendre que, si l'on appliquait les lois à la lettre, la perception des impôts serait impossible. Au surplus, devant le tribunal, notre défense sera simple : Nous n'avons fait qu'obéir aux ordres du « grand chef ». Peut-on nous condamner pour avoir obéi ?

Est-il besoin de dire que, pendant cette conversation, nous éprouvions un malaise qui allait toujours grandissant. Que nous étions loin, dans cette grande salle aux murs nus, où les lampes à huile de palme allaient s'éteindre, au milieu de ces agents qu'on laissait en fonctions, tout en les déférant à la justice, que nous étions loin des bureaux corrects de Boma, des demeures riantes du camp d'Irebu, de la terrasse fleurie du commissariat de Coquilhatville. Ici, c'était bien le Congo des rapports anglais, la terre maudite du travail forcé, le pays du sang, de la boue et de l'or.

Nous ne pouvions trop en accuser les hommes. Ils n'avaient été que des instruments aux mains de plus forts et de plus mauvais qu'eux. Ils venaient de nous dire, avec une sincérité évidente, combien leur situation était pénible et difficile ; mais comment ne nous serions-nous pas dit que, plus les individus étaient irresponsables, plus il fallait que, le plus tôt possible, disparaisse un système qui engendre de tels abus.

⁂

De Mobeka a Lisala

De Mobeka à Lisala, où nous nous arrêterons, pour aller dans l'intérieur, il y a trois jours de navigation. Les rives deviennent plus animées. Il y a de grands villages, comme Bokatulaka et Ukaturaka. Mais la sauvagerie augmente. Les hommes vont à peu près nus. Les femmes sont nues tout à fait, avec une simple ficelle nouée autour de la taille.

La laideur de ces gens, aggravée encore par les peintures noires et les tatouages en crête de coq qui leur traversent la figure, est inimaginable. Assurément, on rencontre çà et là un gaillard de fière allure, qui n'est point parvenu à se défigurer complètement, ou bien une fillette, dont la poitrine ne tombe pas encore. Mais les autres, et, surtout, les femmes ! Je vivrais cent ans que je n'oublierais pas l'horreur de ces mamelles, gonflées comme des outres, ou plates et pendantes comme des sacs à café, de ces faces abruties par la maladie du sommeil, de ces jambes sans mollets, émaciées par la misère, de ces chairs flasques et ratatinées de vieilles femmes, de ces ventres, arrivés au dernier terme de la grossesse, avec des tumeurs ombilicales, grosses comme le poing.

Décidément l'homme, à l'état de nature, ou près de l'état de nature, n'est pas beau !

A la réflexion, cependant, je pense que cette première impression, violemment défavorable, doit être, dans une certaine mesure, rectifiée.

D'abord il ne faut pas oublier que, depuis vingt ans, la région des Bangala a été la grande pépinière d'hommes de l'Etat Indépendant. Les plus forts, les plus énergiques, les plus intelligents sont aujourd'hui dans la force publique, dans la marine, dans les camps de travailleurs. Ceux qui restent sont des débris. La misère et la maladie les mettent fort au-dessous de leur condition primitive.

D'autre part, pour ce qui est de leur physique, il convient de se dire, aussi, que la nudité n'est pas facile à porter. Si l'on prenait une foule dans quelque ville d'Europe, si on déshabillait tout le monde, hommes, femmes et enfants, si on ne laissait aux vieilles dames, aux bonnes grosses mères, aux jeunes personnes montées en graine, autre chose que la ficelle des riverains du Congo, est-il bien sûr que nos anatomies seraient supérieures à celles des noirs, et que l'on trouverait parmi nous une plus forte proportion de jolies filles et de mâles vigoureux?

Je dois ajouter que, de Mobeka à Lisala, le bateau s'arrête, le plus souvent, sur la rive gauche du fleuve, dont les habitants passent pour plus pauvres et plus sauvages que ceux de la rive droite.

C'est de ce côté, par exemple, qu'on a assassiné les gens de la « Ville de Bruges ». Tous n'étaient pas d'accord cependant pour tuer. L'indigène qui frappa le premier était un vieux, qui était en pirogue, avec ses fils. Ceux-ci lui crièrent : « Père, sauvons le blanc. Nous aurons un *malabiche.* » (1) Mais l'ancien resta implacable, et comme les jeunes résistaient, il les jeta à l'eau, et, d'un coup de lance, donné entre les épaules, envoya l'un des naufragés au fond. Quand on lui demanda, devant le conseil de guerre, pourquoi il avait fait cela, il fut impossible d'en tirer une autre réponse que celle-ci : « Je voulais tuer un blanc. »

Cette hostilité meurtrière contre les Européens n'est d'ailleurs pas un fait exceptionnel.

L'autre soir, nous arrivions à Lié, l'un des postes de la Société Anonyme Belge (S. A. B.).

Celui des deux agents qui se trouve au poste, M. M., nous raconte que, cette année même, il a été attaqué par les indigènes d'un village qui se trouve à trois heures seulement de la station, et où il était allé pour acheter du caoutchouc. Il n'avait encore rien dit qu'on le criblait de projectiles et qu'on l'accablait d'injures et de menaces : « Nous ne voulons pas faire de caoutchouc. Nous te tuerons. Nous te couperons les... Nous te mettrons dans la marmite et nous te mangerons. » Bref, M. M. dut s'enfuir, se jeter dans les marais, se cacher pendant toute la journée, pour échapper à leurs lances et quand il fut sauvé, grâce à l'énergie et au dévouement de son capita et de son boy, il faillit encore passer en justice, sous l'inculpation d'avoir été l'agresseur.

Comme nous parlions de cette affaire, l'un de nous dit à M. M. : « Les indigènes ont crié qu'ils vous mangeraient. Y a-t-il donc encore des cannibales dans la région ? »

Pour toute réponse M. M. fit appeler son boy et lui donna l'ordre de partir le lendemain pour Boketala, village situé à trois jours de marche de Lié. Le boy prit un air d'effroi, et s'écria :

— Je ne connais plus le chemin !

— Je te donnerai quelqu'un qui le connait, pour t'accompagner.

(1) Pourboire.

— Je ne veux pas, les indigènes sont trop mauvais.

— Que te feraient-ils ?

— Ils me tueraient et me mangeraient.

— Ils mangent donc encore de la chair humaine ?

— Oui. Tous les mois, ils tuent trois femmes et les mangent, après leur avoir ouvert le ventre pour y mettre les bananes.

Cette histoire de boy, naturellement, ne laisse pas d'être sujette à caution. Mais, pendant notre séjour dans la région équatoriale, nous avons interrogé, sur le même sujet, bien des personnes, et toujours on a répondu : « Le cannibalisme se dissimule, parce que les lois de l'Etat sont sévères ; mais il existe virtuellement partout. Il est rare qu'on tue les gens pour les manger, sauf en cas de guerre, mais il est rare aussi que les indigènes ne mangent pas les cadavres qui leur tombent sous la dent. »

***

Au camp de Lisala

Notre voyage au pays des Budjas exigeait quelques préparatifs. Il fallait se procurer des vivres, compléter notre matériel de campement, obtenir des porteurs. Tout s'arrangea, d'ailleurs, le plus aisément du monde, grâce à M. le commissaire de district Tombeur, au commandant Hutereau, et au capitaine Meuleman, qui nous attendaient au camp, nous offrirent l'hospitalité la plus cordiale et eurent bientôt fait de nous mettre en mesure de partir, dès le lendemain.

Les choses étant ansi réglées, le dimanche nous restait pour visiter les environs de Lisala. Nos hôtes nous proposèrent donc de faire visite au principal chef de la région, Abali, qui habite à une demi-heure du camp, au village de Boso-Kuruki.

C'est un puissant personnage que cet Abali, que nous vîmes bientôt arriver à notre rencontre, entouré de quelques notables. La tribu des Karaba lui obéit sans partage. Son influence s'étend sur tous les villages d'alentour. Le camp de Lisala se trouverait dans une situation difficile, si les blancs ne parvenaient pas à s'entendre avec lui. Aussi je m'étonne qu'il n'ait pas la médaille des chefs reconnus.

— Il l'avait, me répond-on, mais on la lui a retirée provisoirement, parce qu'il était accusé d'avoir fait rôtir une femme et d'avoir causé la mort de deux indigènes en les soumettant à l'épreuve du poison. Il a d'ailleurs été acquitté

EMILE VANDERVELDE ET LE COMMANDANT HUTEREAU A LISALA

en première instance, et nous espérons bien qu'il le sera également en appel, car nous aurions grand'peine à nous passer de lui.

A voir le dit Abali, cependant, je ne le tiendrais pas pour tout à fait incapable de rôtir une femme. Tout au moins ne paraît-il pas soupçonné sans raison d'avoir soumis deux de ses gens à l'épreuve de la « kasa ». Mais il paraît que c'est un brave homme tout de même, et un vrai chef.

Le village d'Abali est admirablement situé sur une hauteur qui domine le fleuve. Les paillottes, rectangulaires, sont à peu près du même type que celles de la rive, mais elles s'alignent, en double rangée, sur une longue rue montante, au milieu de magnifiques plantations de bananiers. Toute la population est sur pied. De jeunes beautés, vêtues d'un simple collier de perles, nous font leurs plus aimables sourires. Le commandant Hutereau, que les indigènes

DEUX TYPES DE CONGOLAISES

FEMME DE SOLDAT

FEMME INDIGÈNE

paraissent adorer, soulève des tempêtes d'hilarité, en disant des gaudrioles à quelques grosses « mama », que la curiosité fait sortir des chimbèques. Tout cela est fort amusant, mais le soleil est terrible et c'est avec un véritable soulagement que nous nous réfugions sous le porche d'entrée de la case d'Abali. Des chaises longues, couvertes de tapis à fleurs, nous ont été réservées. Les femmes du chef apportent du vin de palme et des cannes à sucre, coupées en morceaux, que Vanderlinden, qui aime les douceurs, se met à grignoter à belles dents. Abali, debout, reste dehors avec ses fidèles. Une centaine de paires d'yeux sont braquées sur nous, et il se fait un profond silence quand, tout à coup, des cris aigus éclatent dans la rue. L'instant d'après, une jeune femme, habillée comme les femmes du camp, tandis qu'ici les femmes sont nues, apparaît, s'arrache à l'étreinte d'un homme, qui l'a empoignée par le bras, et se précipite, en continuant à crier, aux pieds du commandant Hutereau. Sur ce, palabre forcenée. Toutes les commères s'en mêlent, apostrophent la suppliante, paraissant prendre le parti de l'agresseur.

Nous nous faisons expliquer que l'homme est le mari ; que la femme a quitté le domicile conjugal ; qu'elle s'est mise avec un des soldats du camp ; mais que ses parents, au mépris de la coutume indigène, refusent de rendre au premier épouseur les « mosoloss », le prix d'achat qu'il a payé.

Les affaires de ce genre occupent une bonne partie du temps des chefs de poste au Congo. Aussi le commandant Hutereau ne s'en émeut pas plus que de raison. Il assigne rendez-vous aux parties pour régler la palabre et, provisoirement, tout rentre dans le calme, tandis qu'Abali et ses conseillers nous reconduisent jusqu'à l'entrée du village.

AU PAYS DES BUDJAS

Dans la grande forêt

C'est aujourd'hui que Vanderlinden, le docteur Neri et moi nous mettons en route, pour aller de Lisala à Dobo, en passant par N'Gali, Bayengé, Yambata et Likingi. Notre voyage dans l'intérieur durera une douzaine de jours. Nous avons adopté l'itinéraire que suivit, en 1907, le consul américain, M. Smith, dont le rapport se trouve résumé dans le dernier Livre Blanc Anglais (Africa, nº 1, 1908). Il sera intéressant de voir si, à un an de distance, la situation des indigènes, dans cette région caoutchoutière, s'est profondément modifiée.

Vers six heures, aux premiers rayons du soleil, nos porteurs commencent à arriver. La plupart viennent des environs de Lisala. Il y en a quelque-uns, cependant, qui sont de N'Gali, et qui rentrent chez eux en nous accompagnant. Comme nous avons beaucoup de bagages, notre caravane se compose, sans compter nos cinq boys, de huit soldats d'escorte, avec un sergent, et de cent porteurs, qui s'amènent, à la file indienne, de tous les coins de l'horizon.

Les officiers du camp nous conduisent jusqu'à l'entrée de la forêt. Un temps d'arrêt pour les adieux. Neri, qui nous accompagne, en qualité d'ami, d'interprète, de chef d'expédition, et (le moins possible, j'espère) de médecin, donne le signal du départ. Nous partons au milieu d'un invraisemblable tapage. Beaucoup de nos hommes — ceux qui nous doivent porter en hamac à travers les marais — profitent de ce que, sur terrain ferme, ils n'ont rien à faire, pour hurler comme des possédés. Un grand gaillard court devant nous, soufflant dans une trompe d'ivoire. D'autres, brandissant leurs lances, ou leurs longs couteaux de guerre, poussent des cris aigus, à la façon des montagnards, ou improvisent, sur notre compte, des chansons qu'ils reprennent en chœur.

A l'exception des *capitas,* tout fiers d'avoir un pantalon, ils n'ont, pour tout vêtement, qu'un pagne d'écorce, noué autour des reins. Tous sont frottés d'un mélange malodorant d'huile de palme et de n'gula, couleur rouge sombre, qu'ils fabriquent avec le bois de certain arbre. Les plus coquets ont un bonnet en peau de singe ou de chat sauvage, un diadème de plumes de perroquet, ou bien un vieux chapeau de feutre rouge, qui connut des jours meilleurs et couvrit, sans doute, la tête d'une élégante, sur quelqu'une de nos plages de bains.

Après avoir vu les misérables du fleuve, abrutis et farouches, c'est une joie pour les yeux de regarder ces magnifiques sauvages, bien faits, élancés, solidement musclés et dont les traits, encadrés souvent d'une barbe noire, n'ont rien du prognathisme bestial de la plupart des nègres. Ceux de l'intérieur, surtout, sont beaux comme le mage noir de Memling à l'hôpital de Bruges.

Nous ne tardons pas à les distinguer les uns des autres, car, à l'heure du déjeuner, une bruyante dispute éclate entre ceux de Lisala et ceux de N'Gali. Pour autant que nous parvenons à comprendre, ils se reprochent mutuellement de vouloir trop faire porter par les autres. Les figures se convulsent. Les poings menacent. Sans les soldats noirs, qui ne demanderaient peut-être pas mieux que d'intervenir à coups de crosse, on en viendrait aux mains.

Comme personne ne demande notre avis et que les affaires, après un moment de tempête, paraissent devoir s'arranger toutes seules, nous restons tranquillement couchés dans nos chaises longues, la cigarette aux lèvres, non sans faire, une fois de plus, cette réflexion que la principale sauvegarde des blancs, poignée d'hommes au milieu de peuples immenses, c'est que, de village à village, de tribu à tribu, de race à race, les noirs se détestent infiniment plus qu'ils ne détestent l'Européen.

La « route » de Lisala à N'Gali est un vague sentier, toujours menacé d'envahissement par de folles végétations. Il est vrai qu'à notre intention on a fait passer des travailleurs du camp avant nous, pour frayer un passage à coups de « machete »; mais le temps leur a manqué pour aller jusqu'au bout, et, après deux ou trois heures de marche, nous nous trouvons en plein fourré, sous l'ombrage éternel de la grande forêt.

Pour arriver à N'Gali, il faut passer quatre ou cinq petites rivières, qui débordent à la saison des pluies et forment d'assez vilains marécages.

A la première que nous rencontrâmes, un des porteurs m'offrit son dos et me porta gaillardement sur l'autre rive ; mais cette méthode avait le double inconvénient de faire courir, à l'indigène et à son fardeau, le risque d'une chute désagréable, et, au contact d'épaules soigneusement huilées, de me garnir la fourche du pantalon d'une épaisse couche de graisse rougeâtre. Aussi je ne tardai point à monter en hamac ; mes compagnons firent de même, et c'est en cet équipage que, menés à un train vertigineux par nos porteurs, nous atteignîmes les villages qui entourent le poste de N'Gali.

Décidément, pour voir des sauvages qui ne soient pas trop abîmés par le contact des blancs, il faut aller dans l'intérieur. On trouverait certes difficilement des indigènes plus primitifs que ceux de Libombo, où nous entrâmes d'abord. Les hommes n'ont que le pagne d'écorce, avec une ceinture de paille tressée. Les femmes vont absolument nues, nues comme Eve à son premier péché, plus nues même, car elles s'épilent soigneusement le duvet que leur a donné la nature. Mais ces gens sont évidemment bien nourris. La marmaille qui pullule indique une population qui s'accroit. Les cases, si simples soient-elles, ne sont pas dépourvues d'une ornementation en losanges de trois couleurs, rouge, noir et blanc, d'un effet assez joli. Les beautés du lieu n'ont aucun vêtement, mais c'est par goût, non par pauvreté, car beaucoup d'entre elles ont aux pieds et aux mains de lourds bracelets en cuivre, et, autour de la taille, un triple ou un quadruple rang de perles bleues ou blanches.

A l'entrée du village, nous rencontrons M. Claerhout, chef de secteur, et M. Tripet, son adjoint, qui nous offrent l'hospitalité du poste et nous installent dans une maison voisine de la leur. Notre bain n'était pas encore prêt que les principaux chefs de la région se présentaient et demandaient à me parler.

Il faut savoir qu'au Congo je passe pour un gros personnage. Nos boys racontent, à qui veut les entendre, que je puis faire arrêter où je veux les bateaux de l'Etat, que les sentinelles portent les armes sur mon passage, que les officiers mettent leur plus bel uniforme quand j'arrive quelque part.

Aussi, comme on leur a expliqué que je suis un « conseiller de Boula Matari », les chefs, après m'avoir offert des poules, et reçu un lot de perles bleues, qui les transporte d'aise, m'entretiennent de leur situation.

Le plus important déclare, tout d'abord, que les gens de son village sont satisfaits, maintenant que l'imposition en caoutchouc est réduite de moitié :

— Du temps de la Société (la S. C. A.), dit-il, on nous maltraitait, on nous emprisonnait, on nous tuait. Depuis que Boula Matari commande ici, on nous laisse plus tranquilles. Nous sommes contents, surtout, parce que nous ne devons plus faire autant de caoutchouc.

Mais un autre intervient :

— Même comme cela, c'est encore trop, car il n'y a presque plus de caoutchouc dans la forêt. Nous devons encore être absents de nos villages pendant vingt jours tous les deux mois. Nous acceptons de donner à Boula Matari n'importe quoi : des vivres, des lances, des porteurs ; mais plus de caoutchouc. Il faut que le caoutchouc finisse. C'est notre vœu à tous.

Le docteur Neri, qui veut bien me servir d'interprète, demande ce qu'ils pensent de l'argent ?

— Nous ne savons pas ; mais nos frères du fleuve nous ont dit que c'était une bonne chose, parce qu'on peut le garder longtemps avant de faire des échanges. Seulement, si on nous donne de l'argent, il faut que nous ayons aussi des magasins où acheter des marchandises avec ce que l'on nous donnera.

***

N'Gali

La question du caoutchouc

La situation à N'Gali s'est beaucoup modifiée depuis le passage de M. Smith, en 1907.

A cette époque, la taxe en caoutchouc imposée aux indigènes était de 3 kilos par mois et la rémunération de 40 centimes par kilo, payée, comme d'habitude, en marchandises surévaluées. Le temps mis pour récolter le caoutchouc était, d'après M. Smith, de vingt à vingt-cinq jours, car les indigènes devaient voyager quatre ou cinq jours pour atteindre l'endroit où se trouvaient les lianes et mettaient dix à quinze jours pour recueillir le latex.

Le 18 septembre 1907, une circulaire de l'inspecteur d'Etat, M. Gérard, réduisit l'impôt à 2 kilos par mois. Au mois de mars 1908, une nouvelle réduction intervint : l'impôt fut ramené à 1 1/2 kilo par mois, ou plutôt 3 kilos pour deux mois. D'autre part, la rémunération fut portée de 40 à 53 centimes le kilo, puis ramenée à 40, pour être fixée à 80 centimes depuis le mois d'août 1908.

Seulement, il ne faut pas oublier que la rémunération est payée en marchandises. Or, une circulaire du 15 mai 1908 a établi une nouvelle évaluation des articles en magasin, qui comporte une augmentation de 20 p. c. pour certaines marchandises.

L'augmentation du prix payé pour le caoutchouc n'est donc pas aussi considérable qu'elle le parait à première vue.

Pour ce qui concerne le temps nécessaire à la récolte, on a réduit les distances à parcourir par les indigènes, de manière à les ramener à six ou sept heures au maximum. Néanmoins, pour faire, tous les deux mois, leurs 3 kilos, les indigènes restent quinze ou vingt jours dans la forêt. Seulement ils ne font pas que du caoutchouc ; ils chassent ; ils récoltent du miel sauvage, etc. Le plus souvent, d'ailleurs, ils sont très loin d'apporter les trois kilos pour lesquels ils sont taxés, et pour les manquants, on ne leur applique plus guère la contrainte.

Dans ces conditions, il ne faut pas s'étonner que la production du caoutchouc ait diminué dans des proportions énormes. On en jugera par le tableau suivant, dressé d'après les livres du poste de N'Gali :

Juin 1907. . .	4,864	kilogrammes
Août 1907 . .	3,700	id.
Octobre 1907 . .	1,755	id.
Décembre 1907 .	2,361	id.
Février 1908 . .	2,464	id.
Avril 1908 . .	2,015	id.

Juin 1908	. .	891	id.
Août 1908	. .	180	id.

De 4,864 kilos à 180 kilos de caoutchouc par mois ! C'est la faillite du régime. Indépendamment de toutes considérations humanitaires, l'épuisement partiel des forêts, le mauvais vouloir des indigènes, le relâchement de la contrainte font tomber à rien ce qui fut longtemps le seule grande source des revenus de l'Etat Indépendant.

Pendant que je faisais cette constatation, peu rassurante pour nos finances coloniales, nous entendîmes les tam-tam indigènes, appelant les gens des villages, pour la danse organisée en notre honneur.

Successivement, comme dans le dernier acte de « Lohengrin », les principaux chefs arrivèrent avec leurs guerriers, en grand costume. Le grand costume des N'Gali, c'est un bonnet de peau et de plumes, et une couche épaisse de brun et de noir sur le corps, tandis que les pieds sont artistement peints en rouge, avec la couleur qu'ils tirent des noix de palme.

Dans cet accoutrement, nos gens se rangent en cercle, brandissent leurs couteaux et leurs lances, et interminablement se mettent à danser, chantant une mélopée monotone, pendant que les femmes et les enfants forment le rond et imitent les hommes.

On regarde pendant quelque temps, et non sans plaisir, car les guerriers ont fort grand air ; puis l'attention se lasse ; on retourne à ses écritures, mais les noirs continuent à danser pendant des heures, et danseraient encore, si l'orage qui menaçait depuis hier se s'était approché et n'avait mis tout le monde en fuite.

***

Le gîte d'étape de Madjalanga

Dans ce pays on côtoie toujours le tragique. Hier soir, M. Claerhout m'a pris à part et m'a dit qu'il venait de recevoir un douloureux message du chef de poste de Bayengé : un indigène du village Budja, situé aux environs de Bayengé, a été tué par un des hommes du poste. M. Claerhout m'explique que la chose s'est faite au cours d'une rixe, pendant le marché. On a voulu mettre au bloc le chef Budja, qui avait eu une altercation avec le chef médaillé de la région. Ses hommes ont pris fait et cause pour lui. Ils ont déclaré que, si on le mettait en prison, ils voulaient y aller aussi. Une bousculade s'est produite. Le « travailleur armé » qui était de garde a frappé, avec son fusil, un des indigènes, qui est mort quelques minutes après.

Comme nous allons à Bayengé, M. Claerhout paraît fort soucieux de ne pas nous laisser sous l'impression que de tels faits se produisent fréquemment dans la Mongala : « Du temps de la S. C. A., certes, c'était monnaie courante. En 1906 et en 1907, il y a eu aussi de très sales affaires. Mais, depuis six mois, rien de pareil ne s'est plus passé dans la région. »

Je me propose, naturellement, de me renseigner d'une manière plus complète sur ce triste incident, mais, dès à présent, deux choses sont acquises : la première, c'est qu'il n'y a qu'un seul blanc à Bayengé, comme, d'ailleurs, dans la plupart des postes de la région ; la seconde, c'est qu'à la place de soldats, on y a laissé, comme au temps de la S. C. A., des « travailleurs armés », que l'on désigne maintenant sous l'euphémisme de « travailleurs gardiens d'albinis ».

Or, il est infiniment probable que ces deux circonstances sont pour beaucoup dans le malheur qui est arrivé.

Je sais déjà, par M. Claerhout, que le chef de poste, M. Patte, avait dû s'absenter un moment, quand l'affaire s'est produite. S'il y avait eu deux blancs au poste, l'un d'eux serait resté au marché et sa présence, sans doute, eût empêché que la rixe n'éclatât.

D'autre part, il n'est pas douteux que les « travailleurs gardiens d'albinis » soient un véritable danger pour les populations indigènes. Recrutés sur place, ils ont souvent des haines personnelles à satisfaire. De plus, en Afrique comme en Europe, mieux vaut, en cas de troubles, avoir affaire à des soldats professionnels qu'à des soldats improvisés. Je me garde bien de croire que les noirs de la force publique soient de petits saints ; mais ils connaissent leur métier ; ils ont du sang-froid ; ils ont assez de confiance dans leurs armes pour ne pas prendre peur à la moindre alerte.

Les « travailleurs gardiens d'albinis », au contraire, sont un peu, à l'égard des indigènes, ce que sont nos gardes civiques en cas d'émeute. Ils se servent d'autant plus facilement de leurs armes qu'ils savent moins s'en servir et, alors, il arrive des accidents comme ceux de Bayengé.

Nous avons quitté N'Gali, ce matin, sous cette pénible impression. Nos porteurs, au contraire, qui ne savaient rien encore, étaient gais comme des écoliers en vacances. A les entendre rire, chanter, crier, « yodler », hurler à l'unisson, en éveillant tous les échos de la forêt, on eût pu les croire en partie de plaisir, et, cependant, c'est un rude travail que le leur. Pendant toute la matinée et, si nous l'exigeons, pendant toute la journée, ils doivent porter nos malles, nos caisses de vivres, nos tentes, notre literie ; ils doivent, par équipes de six ou de huit, nous porter nous-mêmes, aux endroits difficiles, et, pour cette pénible corvée, l'Etat, qui les réquisitionne, leur alloue 20 centimes par jour, y compris 5 centimes pour leur nourriture. Encore ces 20 centimes leur sont-ils payés en marchandises évaluées, pour le moins, au double de leur valeur réelle ; si bien qu'en définitive, c'est à 10 centimes, au plus, que l'on peut fixer leur salaire. (1)

Ailleurs, des hommes que l'on ferait marcher dans ces conditions montreraient les dents et, tout au moins, s'arrangeraient pour marcher et pour porter le moins possible. Nos ex-cannibales — le docteur Neri, qui est à mes côtés, me dit d'écrire : ex (?)-cannibales — sont, au contraire, d'une bonne volonté vraiment touchante. Au départ, j'en vois un qui veut, à toute force, porter le sac d'un de nos soldats. En route, nous les entendons joyeusement chanter nos louanges, quittes à glisser, de temps à autre, dans leur chanson, quelque insinuation plus ou moins discrète : « Le blanc est bon. Le blanc est content. Il ne nous obligera pas à marcher cette après-midi. Il ira plutôt à la chasse. S'il tue un cochon sauvage, ce sera pour lui. S'il en tue deux, le second sera pour nous. »

(1) Ce chiffre de 20 centimes nous a été indiqué, à N'Gali, comme le salaire payé aux porteurs par l'Etat, procédant par voie de réquisition. Mais, pour les porteurs qui nous ont été fournis, je suppose que le salaire a été plus élevé, car, sur la note des frais qui nous a été envoyée par l'Etat Indépendant, les porteurs ont été facturés à raison de 64 centimes par jour et par tête, ce qui est une rémunération raisonnable en un pays où la plupart des travailleurs ne gagnent que 3 ou 4 francs par mois, plus la ration.

Et, par là-dessus, des éclats de rire sans fin, qui découvrent les dents taillées en pointe des plus sauvages, les magnifiques palettes d'éblouissant émail de ceux qui ne veulent plus se défigurer.

On nous avait dit, à Boma et ailleurs, que pendant tout notre voyage au pays des Budjas, nous serions dans les marais, dans le « potopote », comme on dit ici, jusqu'aux genoux, ou bien jusqu'à la ceinture. C'est un exemple de plus des exagérations matamoresques qui ont tant fait pour donner au Congo une réputation mauvaise. La vérité est que, depuis Lisala, nous n'avons rencontré de « potopote » qu'aux approches des rivières, que la saison des pluies a fait déborder.

La traversée de ces rivières, certes, ne doit pas être agréable pour les agents qui doivent aller à pied. Mais pour les noirs, toujours pieds nus, ce n'est pas une affaire ; et pour de « grands blancs » comme nous, il y a le hamac. Nous nous en servons non seulement pour passer les rivières, mais pour suppléer à nos jambes, quand l'étape devient trop longue et qu'à se fatiguer trop il y aurait risque d'attraper la fièvre.

On pourrait croire qu'avec pareil moyen de locomotion la marche doit être excessivement lente. C'est le contraire qui est vrai. Quand nous sommes à pied, suant comme des « alcazarras », sous l'épais casque de liège, nous allons d'un pas de sénateur : du quatre à l'heure tout au plus. Mais quand nos hommes, impatients d'arriver à l'étape, obtiennent de nous porter, la caravane se met à courir, et nous filons avec une fantastique rapidité. Sur le sentier d'une personne qui serpente dans la forêt, les soldats vont au pas gymnastique ; les porteurs trottent comme de petits ânes ; les chefs font des bonds de cabris, en brandissant leurs lances ; les boys, qui suent de peur à la pensée de rester seuls avec les « sauvages », prennent les jambes à leur cou ; et, dans nos « tipoies » attachés à un solide bambou, que deux gaillards aux muscles d'acier portent sur leurs épaules, tandis que les relayeurs poussent des clameurs épouvantables, nous roulons, nous tanguons, nous sommes ballottés comme sur une mer en furie, mais nous avançons deux fois plus vite que livrés à nos seuls moyens.

C'est de ce train que nous fîmes notre entrée à Madjalangà, où il y a un gîte d'étape, que nous eûmes bientôt fait d'arranger pour la nuit. Le chef du village, d'ailleurs, se mit à notre entière disposition, nous envoya de l'eau, des bananes, des œufs, des poules, et reçut en échange, à sa grande joie, un matabiche de grosses perles bleues, qui sont l'article à la mode, en ce moment, dans tout ce coin d'Afrique.

Notre installation s'achevait quand les sentinelles nous amènent deux femmes, l'une absolument nue, l'autre portant un étroit pagne. La première est la veuve de l'indigène tué hier. Elle se couche à nos pieds en suppliante, tandis que son amie nous fait un récit analogue à celui du chef de section de N'Gali. Nous promettons de nous enquérir, en arrivant à Bayengé, tout en faisant observer que le meurtrier est arrêté, que la justice est saisie de l'affaire ; et l'éplorée, qui a fait cinq lieues pour nous voir, s'en va, sans avoir dit un mot, avec la résignation morne des gens de ce pays, quand le destin les écrase. C'est d'une tristesse noire.

Ce soir, à la nuit tombante, le catéchiste noir de la Mission d'Oumangi, qui demeure en face de notre gîte, avait appelé ses fidèles pour la prière. Ils étaient une vingtaine ; de très jeunes gens et des enfants pour la plupart. Nos boys sont allés se joindre à eux. Deux soldats ont quitté le corps-de-garde pour faire, eux aussi, leurs dévotions. Tout le monde s'est mis à genoux, répétant, à l'unisson, la prière en langue indigène que disait le catéchiste. Et, sur cette terre de meurtre et de violences, où, si souvent, l'homme est un loup pour l'homme, il était impossible de n'être pas touché en voyant ces pauvres gens, sans prêtre et sans église, demander à la religion de ces blancs, qui leur ont fait tant de mal, une espérance ou une consolation.

***

Notre arrivée a Bayengé

Je me souviendrai longtemps de notre arrivée à Bayengé. Les porteurs venus avec nous de N'Gali, contents d'être à l'étape, faisaient déjà grand tapage, quand un flot d'indigènes se porta à notre rencontre. Ces gens avaient, naturellement, sur le cœur, la mort de l'indigène tué avant-hier. Aussi, dès notre apparition, ce fut un véritable concert de vociférations passionnées : « Nous ne voulons plus de gens armés ! Le blanc est bon, très bon (malamou mingi). Ce sont ses hommes qui sont mauvais, très mauvais. Ils doivent partir. S'ils ne partent pas, nous les tuerons, et nous les mangerons. » A chaque pas en avant, la foule grossissait. Les hommes se bousculaient pour mieux nous approcher ; de hideuses vieilles femmes, aux dents limées en pointe, dansaient devant nous, comme des hystériques, en hurlant et en montrant le poing. Une nuée d'enfants, que l'algarade semblait amuser, tourbillonnaient autour de nous, puis détalaient, chassés par la trique de quelque chef. Nos boys avaient plus peur que jamais. Nos soldats d'escorte venaient, tout doucement, de mettre une cartouche dans leur albini, et ne nous quittaient plus d'une semelle. Tout en me faisant traduire par Neri les propos que l'on nous tenait, je me faisais cette réflexion qu'être seul blanc au milieu de ces populations soulevées ne devait pas être drôle, quand le chef de poste, M. Patte, s'avança vers nous, très tranquille, écarta les indigènes en leur promettant que nous les entendrions l'après-midi et se mit en devoir de nous expliquer que l'affaire de l'autre jour était plutôt un accident qu'un meurtre : ce n'est pas d'un coup de baïonnette, mais d'un coup de la baguette du fusil que la victime, frappée au front, était tombée raide.

N'empêche que, s'il y avait eu deux blancs au poste, cet « accident » ne serait probablement pas arrivé, car l'un d'eux aurait pu rester sur place et calmer les indigènes, tandis que l'autre était momentanément éloigné.

Il y a d'ailleurs bien d'autres raisons pour que, dorénavant, on érige en règle de ne jamais laisser un Européen seul dans un poste. Tout d'abord, la solitude est mauvaise conseillère. De plus, la situation de l'isolé devient affreuse s'il tombe malade, ou si l'hostilité des sauvages qui l'entourent lui fait perdre la tête. Que serait-il arrivé, par exemple, si le chef de poste de Bayengé, au lieu de garder tout son sang-froid, avait pris une fièvre des suites de l'émotion ressentie, et s'était trouvé incapable de calmer la surexcitation des indigènes, qui avaient déjà commencé à se battre entre eux ?

Heureusement, dans le cas actuel, M. Patte s'est trouvé à la hauteur des circonstances. La popularité dont il jouit lui a permis de ramener la paix, et il faut croire que la manifestation de ce matin avait calmé les nerfs de tous, car les chefs qui vinrent nous voir l'après-midi furent très calmes, et déclarèrent qu'ils avaient confiance dans la justice.

Ils me parlèrent, naturellement, de l'éternelle question du caoutchouc. La situation est à peu près la même à Bayengé qu'à N'Gali. L'impôt a été ramené de 3 kilos à 1 kilo 1/2. Il y a 686 prestataires. La production en caoutchouc, qui était de 3,000 kilos, au mois d'août 1907, est tombée, pour le mois d'août 1908, à 800 kilos seulement. Les lianes exploitables commencent à se faire rares. Pour faire trois kilos de caoutchouc, tous les deux mois, les indigènes, d'après M. Patte, doivent rester vingt jours dans la forêt, soit le tiers de leur temps. Certes, ils y font autre chose, mais s'ils ne faisaient rien d'autre que le caoutchouc, ils devraient y rester aussi longtemps, séparés de leurs femmes, exposés à la pluie, menacés d'être pris par les léopards, très nombreux dans la région, et dont ils ont grand'peur. Beaucoup d'entre eux, d'ailleurs, ne font pas grand'chose et apportent, comme par dérision, une insignifiante languette de caoutchouc. D'autres, au contraire, désireux d'avoir des machettes, du sel, des étoffes, remplissent ponctuellement leurs obligations et continueraient à travailler, si le travail du caoutchouc devenait libre. Mais ce n'est point la majorité, et, en somme, depuis que la contrainte s'est relâchée, que les indigènes n'ont plus peur d'être emprisonnés, maltraités, ou privés de leurs femmes, ils travaillent, en général, le moins possible : d'où l'énorme déficit de la production.

Nos porteurs sont arrivés en retard, ce matin. M. Patte nous a expliqué qu'il n'avait pu faire appel aux gens de plusieurs villages, parce, dans l'état d'effervescence actuelle, ils se battraient entre eux, ni aux gens des villages les plus populeux, parce qu'ils devraient passer au retour par le village de l'indigène tué et qu'on pourrait leur faire un mauvais parti. Bref, après deux heures d'attente, nous partons avec trente porteurs de moins qu'il ne faudrait: notre marche est lente; et, au lieu d'arriver à Yambata, nous devons bivouaquer en pleine forêt, aux bords de la rivière Bilia.

Avec une amusante prestesse, le campement s'improvise. Nos boys vont chercher de l'eau pour les bains. Bino, notre maître-coq, organise sa cuisine. Les porteurs allument de grands feux pour la nuit. Les soldats dressent les tentes, et, pendant que tout s'agite autour de nous, nous rêvassons dans nos chaises longues, en attendant le repas du soir.

Neuf heures. La lune vient de se lever. La forêt tout entière s'illumine, et, pendant que nos Bayengé s'endorment, au milieu de l'embrasement des feux du bivouac, je vois briller la baïonnette des sentinelles qui vont, toute la nuit, veiller sur notre repos.

Le poste d'Yambata

De la rivière Bilia à Yambata, il peut y avoir quatre heures. Rarement étape m'a paru plus longue. J'avais mal au pied depuis la veille, et me demandais déjà si un ongle incarné n'allait pas m'écloper pour le reste du voyage. Sans mes porte-hamac, j'aurais eu peine à me tirer d'affaire, mais, aux approches de Yambata, sur les marais qui bordent la Mioka, il y a un grand diable de pont, fait de traverses branlantes, qui n'a pas moins de sept cents mètres de long et sur lequel tout portage est impossible. Il me fallut donc marcher, avec des gémissements à chaque heurt, et c'est avec un inexprimable soulagement que je me trouvai au poste où le chef de secteur, lieutenant Simon, son adjoint Courtens et le chef de poste, M. Nillson, nous firent le meilleur accueil. Mon premier soin, cela va sans dire, fut de livrer mon pied au docteur Neri : ce n'était pas un ongle incarné ; c'était une *chique*, une ignoble *chique*, qui s'était installée et avait déjà pondu ses œufs à l'extrémité de mon petit doigt de pied. Voilà une impression d'Afrique dont je me serais volontiers passé.

Le poste de Yambata, avec ses palissades flanquées de tourelles en bois, est une véritable forteresse. Soixante soldats y tiennent garnison, depuis la soumission des Budjas à l'inspecteur Gérard, en 1905. Pour le moment, tout est calme, mais, avec les gens d'ici, on n'est, paraît-il, jamais sûr de rien. Il ne faudrait pas grand'chose pour que les boucliers reparussent et que les indigènes recommencent à se faire la guerre entre eux, pour quelque femme, ou se mettent d'accord pour tomber sur les blancs. Aussi, ces derniers se tiennent sur leurs gardes : quand le chef de secteur ou le chef de poste vont dans leur potager, à cent mètres des palissades, ils ne doivent même pas faire signe pour qu'un ou deux soldats, le fusil à l'épaule, leur emboîtent le pas.

De même que dans les autres postes, les principaux chefs demandent à nous voir et à nous serrer la main ; mais quelle différence entre eux et les braves gens de N'Gali ! Autant ces derniers étaient gais, avenants et doux, autant ceux de Yambata, avec leur lourde mâchoire, leurs dents taillées en pointe, leurs yeux qui ne se fixent jamais, ont une inquiétante figure.

« Celui que vous voyez là, avec son bonnet en peau de léopard, me dit le lieutenant Simon, a tué, en 1907, M. Rauss à Yamendo. Le grand chef Madjumba, qui vous mendie ces perles, a été envoyé récemment à Nouvelle-Anvers, sous l'inculpation d'avoir tué et mangé un de nos porteurs. Il a été acquitté, faute de preuves. Je ne dis donc plus rien, mais je n'en pense pas moins. Quantité de témoins m'ont affirmé que le festin avait eu lieu chez cet autre, le forgeron de Yamonanga. Parmi les chefs qui sont ici, d'ailleurs, il n'en est pas un qui ne soit, ou n'ait été un cannibale et ne vous dise, à l'occasion, « que la chair humaine est la meilleure de toutes les viandes. »

On voit que nous sommes en étrange compagnie et que les officiers du poste ont de bons motifs pour exiger de ces messieurs qu'ils déposent leurs lances dehors, quand ils viennent faire visite, à la seule exception du grand chef Madjumba, à qui on laisse son grand couteau.

C'est, paraît-il, un puissant personnage que ce Madjumba, chef de la tribu des Budjas Madjumbuli. Que l'on se figure un Juif de Rembrandt, couleur chocolat, avec une barbe en tire-bouchons dégouttants d'huile de palme, des balafres de peinture noire sur sa poitrine teinte de n'gula, des dents pointues, découvertes par un mauvais sourire, et un regard en dessous qui ne dit rien qui vaille. Pour costume, une vieille couverture rougeâtre, roulée en forme de pagne, un fez de soldat, noirci par le temps, des anneaux de cuivre aux pieds et aux mains — c'est mauvais signe quand il les ôte — et aux oreilles, de vieilles bobines, piquées de clous en cuivre.

La grandeur de Madjumba ne l'empêche nullement de mendier avec aussi peu de vergogne que les autres chefs. L'effronterie de leur mendicité est même en raison directe de leur puissance. Ils nous expliquent que des blancs comme nous, qui viennent de l'autre côté de la grande eau, ont pour devoir de leur apporter beaucoup de nouvelles et, surtout, beaucoup de perles bleues. Nous avons l'imprudence de répondre aux premières demandes qu'ils nous font. C'est une faute. Ceux à qui nous ne donnons pas sont furieux. Ceux à qui nous donnons ne sont pas satisfaits, et, somme toute, je crains fort que nous n'ayons pas répondu à l'attente des gens de Yambata. Voilà ce que c'est d'arriver avec la réputation d'être « des conseillers de Boula Matari ».

Pour ma part, je ne puis qu'admirer la patience angélique que les agents doivent avoir pour faire, quotidiennement, un aimable accueil à ces effrontés coquins, dont la plupart, sinon tous, ont la vie de quelque Européen sur la conscience, et qui, vraisemblablement, n'hésiteraient pas à recommencer sur l'heure, s'ils ne craignaient pas les conséquences de leur acte.

Il est juste d'ajouter, cependant, que, depuis leur soumission, en 1905, à l'inspecteur Gérard, qui parvint à ne pas tirer un coup de fusil, les Budjas se sont tenus tranquilles. Le tout est de ne pas se risquer hors des postes sans escorte, et de ne pas trop s'émouvoir lorsqu'un porteur ou un messager disparaissent, sans laisser de traces. Pour le surplus, les indigènes savent gré aux nouveaux agents de l'Etat d'être moins exigeants et moins violents que leurs prédécesseurs. Ils ont même, jusqu'en ces derniers temps, acquitté, plus régulièrement qu'ailleurs, des impositions en caoutchouc assez lourdes.

D'une expérience faite à Yambata, en août 1908, par le chef de secteur Simon, expérience faite avec beaucoup de minutie, et dont j'ai pu vérifier les méthodes, les indigènes, pendant la saison des pluies, pouvaient recueillir, au maximum, deux cents grammes de latex par jour. Pour produire trois kilos — c'est-à-dire la taxe payable tous les deux mois, et non plus tous les mois comme jadis — il leur fallait donc quinze jours, plus le temps nécessaire pour se rendre à la forêt, et en revenir, soit deux jours.

Mais, depuis cette semaine, la taxe de caoutchouc est abolie dans la région. Les villages situés dans le secteur viennent d'être incorporés dans la zone du commerce libre. Et, naturellement, la circulaire annonçant cette nouvelle a été accueillie avec joie, tant par les nègres que par les blancs, qui vivaient, à la fois, dans la crainte de leurs supérieurs s'ils ne faisaient pas assez de caoutchouc, et dans la crainte des substituts — plus redoutés dans ces parages que les léopards — s'ils en faisaient trop !

L'état de choses s'est donc profondément modifié à Yambata, depuis le passage de M. Smith en 1907. Il n'a pas fallu plus d'un an pour que — par suite de la réduction de l'impôt — la situation économique des indigènes se soit sensiblement améliorée ; mais, sans doute, il faudra longtemps encore avant que ces populations, qui ont subi depuis quatre ans la corvée du caoutchouc, soient remises dans l'état où elles étaient avant l'occupation blanche.

« Dans les anciens villages Budjas, me disait le lieutenant Simon, les indigènes avaient des chèvres. Ils n'en ont plus aujourd'hui, et quand on leur demande pourquoi, ils répondent que les blancs les leur ont mangées. C'est très probablement exact pour d'autres parties de la Mongala, mais ce n'est pas vrai ici, où la S. C. A. n'a jamais pénétré que pour voir ses factoreries détruites et ses agents mangés. Seulement, ce qui est vrai, c'est que souvent les indigènes se sont enfuis dans la forêt, pour échapper aux blancs, et que, n'y trouvant rien d'autre à mettre sous la dent, ils ont mangé leurs chèvres. D'autre part, avant l'arrivée des Européens, les Budjas construisaient d'assez belles cases en pisé, avec des dessins rouges, noirs et blancs, comme vous en verrez encore quelques-unes dans les villages du côté de Mandika. Quand on leur demande pourquoi ils ne construisent plus ainsi, et se contentent de chétives paillottes, ils répondent que l'obligation de passer la plus grande partie de l'année en forêt, pour le caoutchouc, ne leur laissait plus le temps de faire d'autres constructions. Il est certain, en effet, que, dans ce pays où les femmes ne travaillent pas aux champs, où ce sont les hommes qui font à peu près tout, l'obligation de s'absenter pour le caoutchouc devait être plus nuisible aux indigènes que partout ailleurs. »

L'aspect des villages que nous avons traversés hier montre du reste que les Budjas sont assez pauvres. Les cases sont bien moins soignées qu'à N'Gali et à Bayengé. Les plantations sont misérables. Et, d'après ce que me dit M. Simon, qui a été chef de poste à N'Gali avant de venir à Yambata, les gens d'ici sont beaucoup moins industrieux que ceux de la région de N'Gali, les Mobola et les Mondumba, qui font des poteries, de la vannerie, des étoffes indigènes d'écorce battue, tandis que les Budjas ne connaissent que la fabrication des armes.

Ajoutons qu'à Yambata, comme à N'Gali ou à Bayengé, les gens vont nus, ou à peu près, bien que les femmes Budjas, en général, portent, au bas du ventre, un lambeau d'étoffe que n'ont pas les femmes N'Gali ou Bayengé.

Le lieutenant Simon me dit que les femmes ont ici une énorme influence. Elles interviennent dans toutes les affaires d'importance et sont cause de presque toutes les palabres. Il y a quelques mois, un des villages voisins du poste a été brûlé, et un indigène tué, avant que la force publique n'intervînt, pour une Hélène qui, depuis, s'est mariée ailleurs. On m'a montré la jeune personne. Un Européen la trouverait jolie, si, à l'exemple d'un grand nombre de beautés Yambata, elle ne s'était, depuis l'adolescence, serré les seins avec une ficelle, de manière à leur donner la forme de gourdes au goulot fortement développé.

***

LA FÉODALITÉ CONGOLAISE

On a écrit souvent que l'Etat du Congo, en contraignant les indigènes au travail, avait rétabli l'esclavage. C'est, tout au moins, une qualification juridique inexacte. Il faudrait dire le servage. Plus je vais, plus je trouve que le régime qui s'est établi dans le Haut-Congo, et spécialement dans la région où nous sommes, rappelle la féodalité. Les postes sont des « burg » fortifiés. Le seigneur blanc, qui y vit avec ses hommes d'armes, reçoit des prestations en nature et en travail des serfs taillables et corvéables qui vivent dans ses alentours. En échange, quand c'est un brave homme, il s'occupe d'eux, il fait régner la paix entre les villages, il protège la population contre les attaques du dehors, il crée des rudiments de services publics. Le servage, d'ailleurs, n'est pas exclusif de toute liberté personnelle. Les prestataires conservent une certaine propriété, individuelle et collective; ils prennent leurs usages dans la forêt commune ; ils ont des chefs de communauté, jouissant d'une certaine autonomie. Et, si l'on voulait pousser la comparaison plus loin, on dirait que les Missions ressemblent aux ordres monastiques défricheurs de forêts ; que les magistrats, presque toujours ambulants, rappellent les juges guêtrés du moyen-âge ; que l'absolutisme royal, tempéré par l'absence de contrôle sérieux, quand il s'agit de postes perdus dans la forêt, n'est pas sans quelque analogie avec l'absolutisme naissant d'un Louis XI ou d'un Philippe-le-Bel.

Mais il va sans dire qu'à vouloir faire trop de rapprochements, on forcerait la note et que, par exemple, les luttes entre gens des villages, qui vont avoir lieu cette après-midi, n'ont pas grand'chose de commun avec les tournois de nos anciennes chevaleries.

Depuis plusieurs jours déjà, les indigènes luttent ainsi, de village à village, et nous avions l'intention d'y aller voir ; mais les chefs, qui flairent un sérieux matabiche de sel et de perles bleues, ont décidé que leurs gens viendraient au poste, et nous les attendons.

Vers deux heures, Madjumba, le forgeron, le féticheur, quelques autres chefs, notables et cannibales de moindre importance, arrivent avec leurs hommes. Nous croyons que l'on va commencer de suite, mais une palabre éclate. Madjumba prend son air le plus offensé, parce que les soldats du poste sont en train de vider le magasin d'armes, où les indigènes pourraient avoir la tentation, étant en nombre, de faire main basse sur les fusils. On explique à Madjumba que, même entre amis, deux précautions valent mieux qu'une, et ce premier orage s'apaise. Mais voici bien une autre affaire: avant que leurs hommes ne se livrent à des exercices nécessairement fatiguants, les chefs veulent avoir à manger. On les prie d'attendre que leur appétit s'aiguise un peu, et cette fois, Madjumba fait mine de partir, d'un air offensé ; puis il se ravise, et demande que, tout au moins, M. Simon lui fasse cadeau d'une boîte à conserves vide qui traîne sur la table. On la lui donne pour avoir la paix et les luttes commencent.

Au début, les lutteurs, divisés en deux camps — ceux de Madjumba et ceux des villages situés aux alentours du poste — n'y vont pas franc jeu. Dès que la partie devient sérieuse, les « frères » se précipitent, séparent les champions et empêchent les plus faibles de tomber. A la longue, cependant, on s'anime de part et d'autre. Les plus réputés de chaque parti s'en mêlent. Les corps-à-corps deviennent plus fréquents, et, tout à coup, malgré l'intervention de ses amis, l'un des principaux lutteurs — côté du poste — s'écroule parmi ses partisans consternés. J'ai déjà entendu beaucoup crier, depuis quelques jours, mais, jamais, je n'ai entendu tapage aussi formidable qu'à ce moment. Les vaincus crient, parce qu'ils sont tristes; les autres hurlent parce qu'ils sont joyeux. Tout à coup, hommes, femmes et enfants du parti vainqueur sortent du cercle précédés de trois joueurs de tam-tam ; ils se forment en colonne, se retirent jusqu'à l'extrémité de la grande cour, puis reviennent en chantant, en dansant, en narguant, sans douceur, leurs adversaires bafoués et confondus, pendant que le grand chef Madjumba, enthousiasmé par sa victoire, se livre à d'étonnantes cabrioles et que d'affreux petits garnements montrent outrageusement leur derrière aux lutteurs malheureux.

Mais voici l'heure de la revanche. Le vaincu rentre en lice et empoigne un nouveau combattant. Cette fois, on y met de la frénésie, de part et d'autre. A trois reprises, les deux hommes roulent par terre, en écumant de rage. Tout le monde crie à la fois. Les soldats interviennent pour retenir la foule. Les Européens s'en mêlent pour que les chances soient égales. Enfin, l'un des lutteurs touche des épaules. Cette fois, ce sont les gens du poste qui triomphent et l'on peut croire qu'ils n'ont pas le triomphe discret. Un cortège, derechef, s'organise. Les tam-tam, impartiaux, prennent la tête. Les femmes du camp, pagnes troussés jusqu'aux genoux, suivent le triomphateur. Il n'est pas jusqu'aux ménagères des blancs, belles dames aux épaules luisantes, qui ne s'attèlent à son char, tandis que Madjumba, humilié, réfléchit, tête basse, sur les vicissitudes des victoires humaines.

Après de telles émotions, continuer devenait impossible. On décida de remettre la suite au lendemain, pour finir seulement dans quatre jours.

⁂

Une promenade militaire

Les villages Budjas sont généralement construits sur une ligne droite, dans une direction donnée. C'est ainsi, par exemple, que, du sud au nord, de Yambata à Mandika — six heures de route — il y a tout le temps des villages, séparés seulement par les marches boisées que traversent les affluents de la Mioka.

M. Simon nous propose de faire une promenade jusqu'au gîte d'étape situé à moitié chemin de Mandika. Comme la petite garnison de Yambata n'était plus sortie depuis longtemps, nous partons avec cinquante hommes, précédés, pour la première fois peut-être au Congo, par un drapeau belge, que l'on a confectionné avec l'étoffe noire d'une cible, une bande de toile teinte en jaune avec du laudanum (!) et un morceau d'étamine rouge venant du magasin.

Pendant que nous cheminons, sous un soleil de feu, je demande au lieutenant Simon si les Budjas subissent, sans trop se plaindre, le régime de la conscription ? Il me répond que l'on trouverait aisément quantité de pauvres diables, célibataires, et plus ou moins esclaves, qui ne demanderaient pas mieux que d'avoir un fusil, de porter le bonnet rouge et d'endosser la casaque de serge bleue. Mais une circulaire récente du gouverneur général prescrit d'enrôler autant que possible des gens mariés, selon la coutume indigène, qui emmènent leur femme avec eux. « Mesure excellente, à bien des points de vue, me dit M. Simon, mais qui n'est pas toujours facile à exécuter. D'abord, on ne peut prendre les hommes qui ont plusieurs femmes, car ce serait désorganiser la famille indigène. Ensuite, dans la catégorie des monogames de fait, si les hommes sont généralement assez disposés à partir, les femmes tiennent à leur village, et les parents sont furieux de ce que leur fille s'en aille, car, selon la coutume indigène, le mari doit payer, toute sa vie, des reliquats du prix d'achat de sa femme, et, naturellement, s'en dispense, une fois qu'il devient soldat, loin du pays natal. Néanmoins, comme il n'y a que dix hommes à recruter ici, sur environ trois mille mâles adultes, les choses finissent toujours par s'arranger. »

Nous avions déjeuné à l'étape, et nous rentrions, quand un orage épouvantable vint jeter le désordre dans notre petite troupe. Il ne fallut pas cinq minutes pour que le sentier fût transformé en torrent, que le niveau des rivières s'élevât de deux pieds, et que nos casques de liège, gonflés comme des éponges, ruissellent comme des gouttières, dans nos « imperméables » traversés.

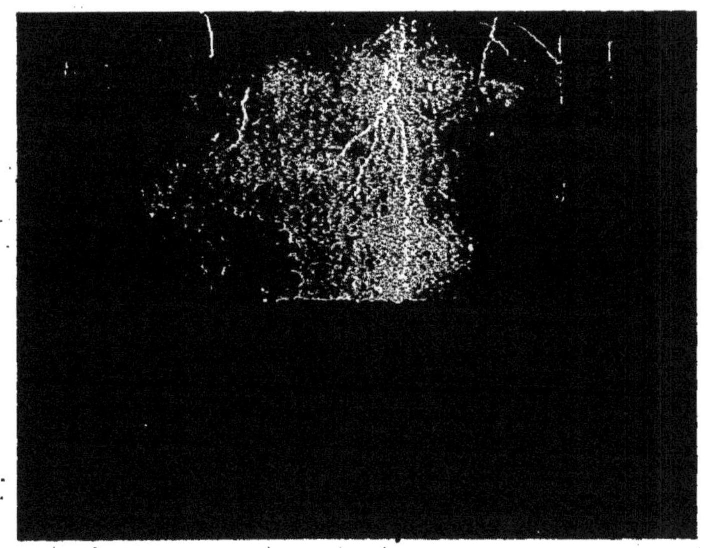

LA TORNADE

Au plus fort de la tornade, nous nous réfugions, un instant, sous les hangars, en bambou, où les indigènes passent, en plein air, la plus grande partie de la journée. Seules, deux sentinelles, dans l'eau jusqu'à mi-jambes, restent stoïquement au milieu du chemin, dans une véritable trombe de pluie qui menace de tout emporter.

Je demande à M. Courtens pourquoi on leur impose pareil service, au lieu de les autoriser à se mettre à l'abri ?

« Ils se mettent là d'eux-mêmes, me répond-il, parce que c'est pendant la pluie, ou bien dans l'obscurité, que les Budjas font leurs embuscades, et qu'ils ont entendu parler des deux cents soldats du lieutenant Verdussen, tués et mangés jusqu'au dernier, par les frères de race des gens d'ici. »

Je crois bien, tout de même, que nous ne courrons pas le même danger aujourd'hui. Aussi j'insiste auprès de M. Courtens pour que ces deux victimes du devoir aillent rejoindre leurs camarades, sous les chimbèques ; ce qui ne nous empêche pas de rentrer à Yambata, sans que les Madjumbouli aient fait la moindre tentative de nous occire et de nous mettre dans la marmite.

⁂

UNE PALABRE

Nous étions partis de grand matin, lorsqu'au premier village le lieutenant Simon, qui avait résolu de nous accompagner jusqu'à Likingi, reçut le billet suivant de M. Courtens : « Mon lieutenant, la femme du soldat K... est partie. J'ai des motifs de croire qu'elle s'est enfuie du camp et se trouve sur la route de Likingi. » Cette supposition était exacte. Espérant, sans doute, que nous la prendrions sous notre protection, l'épouse, d'ailleurs non légalement mariée, du soldat K... avait retroussé son pagne et filé, à toutes jambes, dans la direction du fleuve. Nous la trouvâmes une demi-heure après, assise sur un tronc d'arbre, nous attendant, mais désagréablement surprise de voir avec nous le lieutenant Simon, qu'elle n'attendait pas.

Le premier mouvement de M. Simon fut de la renvoyer, purement et simplement, à son seigneur et maître. « Qu'elle décampe une autre fois, me dit-il, c'est son affaire. Elle n'est mariée que selon la coutume indigène. Aucune loi ne me permet de la retenir, et son mari la roue de coups un peu trop souvent. Mais comme c'est la plus jolie femme du camp, je ne voudrais pas que mes soldats se figurent que c'est vous qui l'avez enlevée. »

Je proposai, cependant, à M. Simon, qui accepta, d'emmener la fugitive jusqu'à Likingi, et de ne prendre une décision qu'après avoir mûrement réfléchi, car, assurément, le cas était difficile.

Que doit faire un officier, lorsque la femme d'un soldat, mariée selon la coutume indigène, c'est-à-dire dûment achetée à ses parents, prétend rentrer chez elle, abandonnant le domicile conjugal ?

La question n'est pas prévue par les règlements. Elle mériterait de l'être, cependant, car il en est peu d'aussi délicates.

Si l'officier n'intervient pas en faveur du mari, celui-ci perd le prix d'achat. Il est furieux, naturellement. D'autre part, des femmes du camp, qui ont envie de s'en aller, suivent l'exemple de la première. Dans un poste peu agréable comme Yambata, les désertions peuvent être nombreuses. Privés de femmes, les soldats sont tentés de s'en prendre aux femmes indigènes. C'est une source de conflits. Ce peut être une cause de révolte.

Et cependant, si la femme n'a pas le droit de partir, s'il suffit de l'avoir achetée pour avoir le droit de la retenir loin de chez elle, même si on la bat, même si on la rend malheureuse, c'est l'esclavage.

Aussi, après réflexion, j'estime que la palabre doit être tranchée dans le sens de la liberté individuelle. Je le dis au lieutenant Simon, qui se range de mon avis, et, finalement, nous convenons qu'il fermera les yeux, que la femme partira cette nuit, qu'elle gagnera Dobo, et que nous lui fournirions les moyens de prendre le premier bateau à vapeur dans la direction de Bumba, son pays d'origine.

Ainsi fut fait. Le lendemain matin, l'oiseau s'était envolé et nous ne la retrouvâmes que le soir, à la rive du fleuve.

P.-S. — Je dois ajouter qu'après notre départ de Dobo — notre fugitive se décida à réintégrer le domicile conjugal.

***

UNE AMIE DES BLANCS

Nous partons de Likingi vers sept heures, en traversant, d'abord, une longue file de villages, où les femmes nous font l'accueil le plus cordial, se frappant la cuisse, puis faisant le salut militaire, au milieu d'éclats de rire sans fin. Les indigènes de Likingi sont aussi aimables que ceux de Yambata sont antipathiques. Il faut voir avec quelle gaieté, et quel souci de ne pas mouiller les «mundélé», nos porteurs s'engagent dans le potopote interminable qui nous sépare de Dobo.

Pendant que nous cassons une croûte, sur le chemin, les soldats d'escorte nous amènent une très jeune femme, vêtue, ou plutôt dévêtue à la façon indigène, dont la charmante figure et la vénusté de formes paraissent faire la plus vive impression sur notre ami Vanderlinden.

Ayant eu vent, sans doute, de l'aventure d'hier, cette aimable personne nous déclare qu'elle s'ennuie chez elle et qu'elle désire « s'en aller avec un blanc ». Cela ne fait pas du tout l'affaire de son mari et de son beau-frère, qui la réclament avec énergie, soutenus de la voix et du geste par les gens de leur village.

Comme nous n'avons aucun titre pour intervenir, le docteur Neri propose de porter la palabre devant le chef du poste de Dobo. Notre caravane se remet en route, et, après une demi-heure de marche dans une plaine découverte, où le gibier doit abonder, nous saluons le grand fleuve et la route d'Europe !

***

Au mess de Dobo

Nous voici de retour au camp de Lisala, après neuf heures de navigation dans la baleinière que l'on a bien voulu nous envoyer à Dobo. Neri et Vanderlinden — dont les chasses font autant de bruit au Congo que celles de Tartarin à Tarascon — en ont profité pour mettre à mort deux innocents et immangeables « callaos » à triple bec, et, à la joie intense de nos pagayeurs, un surperbe macaque, dont la chair est le met de prédilection des noirs. Serait-ce qu'elle leur rappelle la chair humaine ?

Au mess de Dobo, hier, il y avait plusieurs agents, de passage sur le fleuve. Une fois de plus nous avons entendu, dire que, dans la Mongala, tout au moins, le caoutchouc est fini. Il y a des parties de la forêt où les lianes sont épuisées, mais, même ailleurs, la mauvaise volonté des indigènes va toujours grandissant. Depuis le rapport de la Commission d'enquête, on a constamment relâché la contrainte et, aujourd'hui, les chefs de poste sont presque entièrement désarmés. Quand la plupart des agents auront comparu devant le tribunal de Mobeka, ajoute-t-on, la débâcle sera complète.

Un chef de section me dit que, récemment, il a fait une expérience sur la quantité de caoutchouc que les indigènes pouvaient recueillir normalement en quatre-vingt heures. Il n'est arrivé qu'à 500 grammes par tête !

Aussi est-il d'avis que l'on doit laisser reposer la région pendant plusieurs années, avant que l'exploitation du caoutchouc puisse être encore fructueuse.

Je ne doute pas qu'il ait raison, mais comme il y a quantité de régions caoutchoutières dans le même cas, je songe aux prochains budgets de notre nouvelle colonie africaine.

***

Notre retour a Lisala

Il y a quatre grands camps au Congo : le camp des réserves de la Lukula et les camps d'instruction de Luki, de Irebu et de Lisala. J'ai dit la bonne impression que nous avait laissée notre passage à la Lukala. J'ai signalé la mortalité excessive qui décime le camp de Luki. Quant à Irebu et à Lisala, ce sont de véritables oasis, dans ce pays où il y a tant de déserts d'âmes. De même que le commandant Jeuniaux à Irebu, le commandant Hutereau à Lisala a, depuis de longues années, donné tout son effort pour procurer à ses officiers et à ses soldats le plus de bien-être possible, sans peser trop lourdement sur les populations indigènes ; et il faut avoir été son hôte, comme nous l'avons été, pendant quelques jours, pour savoir avec quelle bienveillance, quelle calme fermeté, quelle bonne humeur sereine, il mène de front la double tâche de faire l'instruction militaire de huit cents recrues et d'assurer le ravitaillement par les villages d'alentour de cette grosse agglomération.

Lisala occupe, à cent mètres au-dessus du fleuve, une situation admirable. En amont et en aval, c'est la plaine, la grande forêt marécageuse, dont les rivières aux eaux brunes débordent de tous côtés. Mais, brusquement, le sol affaissé se relève. Des collines de sable se dressent. Un plateau déboisé se détache de la ligne monotone des verdures. C'est sur ce plateau que le camp a été établi. Peut-être y fait-il un peu chaud. Peut-être aussi un peu sec, car on a eu tort de couper presque tous les arbres. Mais à côté de ces inconvénients que d'avantages : bon air, vues magnifiques sur le fleuve, environs giboyeux qui assurent à tous une nourriture abondante, tout concourt à faire de Lisala un pays de Cocagne pour des gens qui viennent d'errer pendant douze jours dans les forêts de la Mongala.

Et puis, qui dira la cordialité charmante du commandant Hutereau et de son adjoint, le joyeux capitaine Meuleman, un compatriote d'Anseele, aussi triomphalement Gantois qu'Anseele lui-même, et tous ceux qui connaissent notre ami savent que ce n'est pas peu dire? Nous avons passé de bien bonnes heures avec le capitaine, le commandant, et, avant son départ pour la Nouvelle-Anvers, le distingué commissaire de district, M. Tombeur. Aussi je me reprocherais de ne pas leur dire ici le bon souvenir que nous gardons de leur aimable accueil.

Mais nous n'étions pas à Lisala seulement pour faire bombance, pour tenir de joyeux propos de table, pour faire des visites à cette «maison du Bon Dieu» qu'habitent les missionnaires d'Upoto.

Dès le lendemain de notre retour au camp, nous partions en baleinière pour visiter, en compagnie du commandant Hutereau, les villages situés de l'autre côté du fleuve.

Ceux de la rive se ressemblent tous. C'est le même aspect de dépopulation et de délabrement que nous avons rencontré maintes fois depuis l'Equateur. Par contre, les villages de l'intérieur, à une demi-lieue ou une lieue du fleuve, font meilleure impression. La maladie du sommeil les a épargnés. La population y est nombreuse ; mais, à la différence de ce que nous avons observé ailleurs, elle se groupe en petites agglomérations familiales, dont les cases, formant cercle, donnent sur une espèce de cour intérieure, où l'on cultive généralement un peu de tabac.

Ces villages Mongo paient, comme les villages de la rive droite, des impositions en vivres, qui servent à nourrir les soldats et les femmes du camp de Lisala.

M. Forfeit, m'ayant donné, à ce sujet, des renseignements que lui avaient fournis les indigènes et qui me paraissaient, comme à lui-même, sujet à caution, j'ai prié le commandant Hutereau de bien vouloir me donner la liste des prestations, par village, d'après ses livres. Voici cette liste qui ne manque pas d'intérêt :

(Les chiffres qui suivent le nombre de kilos de poisson par semaine indiquent les quantités fournies jusqu'au mois de septembre.)

Gandji-Libanza : 100 habitants, 19 kilos de poisson par semaine ; 300 kilos fournis depuis le 1er janvier plus 56 œufs, 17 poules, 28 litres d'huiles.

Gundgi-Linguala : 100 habitants, 16 kilos de poisson par semaine ; 361 kilos fournis, plus 94 œufs, 29 poules, 113 litres d'huile.

Gundgi-Mondolo : 50 habitants , 15 kilos de poisson par semaine, 320 kilos de poisson fournis, plus 95 litres d'huile.

Gundji-Linyanza : 15 kilos de poisson par semaine, 237 kilos de poisson fournis, plus 59 litres d'huile, 36 poules.

M'Pa : 146 hommes adultes, 90 kilos de poisson par semaine, 1,140 kilos de poisson fournis, plus 21 œufs, 21 poules, 90 litres d'huile.

Irenge : 173 hommes adultes, 106 kilos de poisson par semaines, 977 kilos de poisson fournis, plus 120 litres d'huile.

Pele : 56 hommes adultes, 34 kilos de poisson par semaine, 37 kilos de poisson fournis, plus 291 moteke.

Madele : 39 hommes adultes, 24 kilos de poisson par semaine, 369 kilos de poisson fournis plus 75 litres d'huile, 15 poules, 14 œufs.

Bobende : 37 hommes adultes, 24 kilos de poisson par semaine, 7 kilos de poisson fournis et 4 poules.

On voit que, dans beaucoup de ces villages, les fournitures faites restent fort au-dessous des prestations requises. Il m'est difficile d'apprécier si, le principe de l'impôt étant admis, les quantités que l'on réclame aux indigènes ne sont pas trop fortes. M. Hutereau dit que non. Les missionnaires anglais affirment, au contraire, que, pendant les hautes eaux, il est très difficile aux pêcheurs de se procurer les quantités de poisson que l'Etat leur demande. Une chose est certaine, en tous cas, c'est que l'on ne paie aux prestataires que 30 centimes par kilo de poisson, tandis que le prix du marché est d'environ 1 franc. Aussi, le jour où l'argent sera introduit sur le Haut-Fleuve, il n'est pas douteux que les pêcheurs de la rive s'empresseront d'échapper à la corvée des vivres en payant leur impôt en espèces.

***

La Mission anglaise d'Upoto

Entre le camp de Lisala et la Mission baptiste d'Upoto, les relations sont d'une cordialité qui étonnerait fort les gens

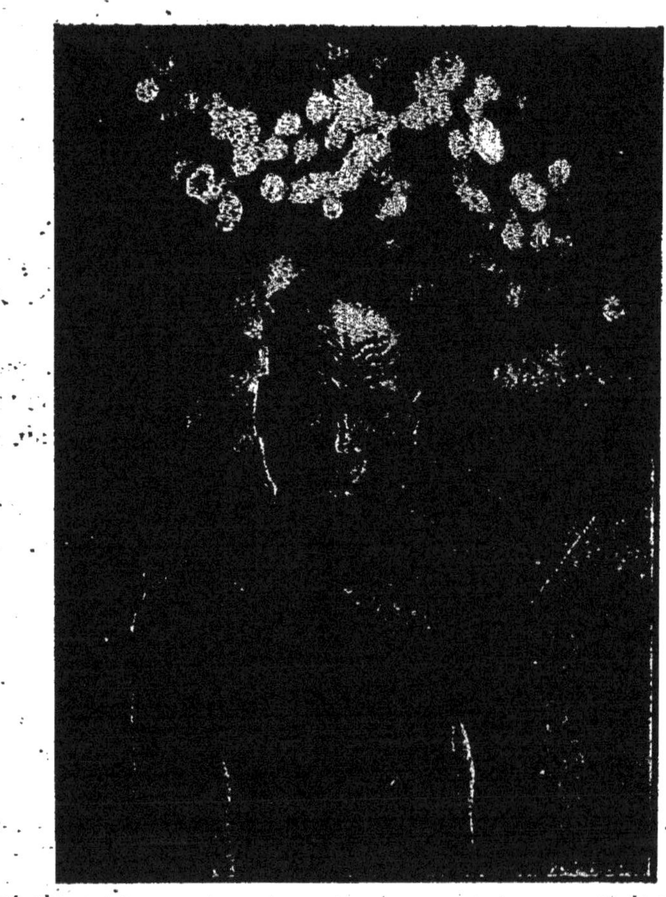

UN INDIGÈNE D'UPOTO

qui se figurent qu'au Congo officiers belges et protestants anglais s'entendent nécessairement comme chien et chat.

La vérité est que les missionnaires d'Upoto ne sont pas précisément des admirateurs du *rubber system*, qu'ils sont toujours sur la brèche, quand il s'agit de dénoncer des injustices et des abus, mais qu'ils n'ont aucun motif pour ne pas aimer et estimer d'aussi excellents hommes que le commandant Hutereau ou le capitaine Meuleman. Et ceux-ci le leur rendent bien. Les mercredis de Mme Forfeit n'ont pas de visiteurs plus assidus, ni le croquet de la Mission de partenaires plus enthousiastes.

Aussi, en arrivant à Lisala, notre première visite et, en partant, notre dernière, fut pour les missionnaires d'Upoto.

A LA MISSION D'UPOTO

Il y a vingt ans que M. Forfeit s'est installé ici avec un de ses amis. Il y a dix-sept ans que sa femme est devenue la compagne de sa vie et qu'ils se sont consacrés, de cœur et d'âme, à leur œuvre de civilisation et de protection des indigènes.

M. Forfeit, qui était en tournée lors de notre première visite à Upoto, tenait beaucoup à nous montrer son école.

C'est, évidemment, son œuvre de prédilection. Il s'en occupe tous les jours, avec Mme Forfeit, qui dirige les filles, tandis qu'il se charge des garçons. L'enseignement est donné en bangala et dans la langue indigène locale, avec des livres que l'on imprime à Bolobo. Au moment où nous entrons dans la salle d'école, très simple, mais spacieuse, et convenablement meublée, il peut y avoir une centaine d'enfants que l'orage de la nuit n'a pas arrêtés. Pittoresque au possible, cette classe, où il y a des noirauds de tout âge, des grands et des petits, des tatoués et des lisses, des habillés et des demi-nus, des filles, déjà formées sous leur pagne, et des négrillons, hauts comme une botte, encadrés par de solides gaillards, dont on fera bientôt des charpentiers et des constructeurs de maisons.

Comment M. et Mme Forfeit s'arrangent-ils pour faire marcher de front les études de ce composite auditoire? Je ne

L'ÉCOLE DES FILLES A UPOTO

sais; mais le fait est qu'ils obtiennent de curieux résultats. Leurs pupilles épèlent en chœur, lisent en chœur, calculent en chœur au tableau noir et, surtout, chantent en chœur, avec une vigueur assourdissante, des psaumes et des passages de l'Evangile, où Jésus prêche ses disciples en bangala et en upoto.

Evidemment, cela vaut mieux que d'aller chez le féticheur ou même à la colonie de Boma. Tout le prosélytisme religieux de M. et Mme Forfeit n'empêche pas qu'en sortant de leur école les jeunes noirs sachent lire, écrire, calculer, et deviennent, en somme, les meilleurs éléments des villages indigènes. Mais, tout de même, je ne puis m'empêcher de croire que les préoccupations, avant tout religieuses, des missionnaires, aussi bien protestants que catholiques, doivent nécessairement reléguer au second plan les études primaires ou professionnelles.

ATELIER DE POTERIE A UPOTO

Aussi, plus je vais, plus j'ai la conviction que les écoles des Missions ne sont qu'un pis-aller, que l'organisation d'un enseignement public s'impose au Congo, et c'est pourquoi je me suis réjoui de voir ouvrir par M. Bertrand, à Coquilhatville, une école où l'on ne fera pas des baptistes, des catholiques ou des luthériens, mais des hommes.

VERS L'EUROPE

LE DÉFICIT PROBABLE

Nous avons retrouvé le « Hainaut », qui revient de Stanleyville, et nous descendons le fleuve. Il y a beaucoup de monde à bord : des agents de l'Ouellé et du chemin de fer des Grands-Lacs. Presque tous ont une pauvre figure, injectée de bile, creusée par la fatigue et les privations, assombrie, peut-être, par de tristes ou de mauvais souvenirs. Quand on les interroge, tous sont d'accord pour dire que la troisième année est la plus dure, que c'est à la fin des termes que l'organisme anémié résiste le moins et que l'on meurt le plus. Ils demandent que l'on ne parte plus que pour deux ans, avec faculté de prolonger pendant un an, et je pense que jamais réclamation ne fut plus justifiée.

Comme les pauvres garçons doivent être impatients d'être chez eux ! Heureusement, à la descente, le bateau va vite. Lié, Mobeka, Bokatulaka passent comme un rêve. A peine nous arrêtons-nous assez longtemps à Nouvelle-Anvers, pour passer une soirée avec M. Tombeur. Dès le surlendemain, nous sommes à Coquilhatville, où j'ai, grâce à un fort chargement, quelques heures pour parler avec M. Bertrand — dont j'apprécie beaucoup la lucide intelligence — des impressions que me laisse notre voyage dans la Mongala. Je vois aussi d'autres fonctionnaires. Tous me tiennent, au sujet de la corvée du caoutchouc, à peu près le même langage :

« A quoi bon insister, me dit-on. Dès à présent on peut dire qu'indépendamment de toutes considérations humanitaires, le travail forcé pour le caoutchouc est virtuellement condamné, pour des raisons d'ordre économique.

« D'une part, il pousse les indigènes à couper les lianes,

parce qu'ils espèrent que le jour où il n'y aura plus de caoutchouc, on les laissera tranquilles. (1)

« D'autre part, comme travail forcé signifie toujours mauvais travail, ils fournissent du caoutchouc de qualité inférieure, en mélangeant au latex des gommes de mauvaise qualité.

« Au surplus, les forêts s'épuisent; les grosses lianes deviennent rares ; les autres ne seront pas exploitables avant plusieurs années. Aussi faut-il qu'on se résigne, qu'on laisse reposer les forêts de caoutchouc, jusqu'au jour où les jeunes générations, n'ayant plus les répugnances des anciennes, se mettront à travailler pour le commerce libre.

« En attendant, la Belgique ne doit pas se dissimuler qu'elle devra faire des sacrifices. Nous ne savons ce que, dans l'avenir, pourront donner les mines, mais, en attendant qu'elles donnent quelque chose, nous ne croyons pas nous tromper en disant qu'il faudra une quinzaine de millions par an, au bas mot, pour combattre le déficit.

« Peut-être ne s'en apercevra-t-on pas dès le premier budget, parce que l'on vide actuellement les magasins et que l'on fera, cette année, des recettes qui ne se retrouveront pas dans la suite. Mais, une chose est certaine, c'est que, dans la plupart des régions caoutchoutières, la production est appelée à subir une diminution considérable sans beaucoup de compensations possibles, et sans que la plantations d' « ireh » puissent, avant quelques années, entrer sérieusement en ligne de compte. »

***

La pacification de l'Abir

M. l'inspecteur d'Etat Gérard, le pacificateur des Budjas, est arrivé hier soir à Coquilhatville, revenant du territoire de l'Abir.

C'est un homme d'une quarantaine d'années, très calme, très doux, et qui inspire, du premier abord, l'estime et la sympathie.

(1) M. Lothaire, qui fut longtemps directeur de l'Anversoise, est d'avis, cependant, que mieux vaut couper les lianes que les inciser.

Nous lui demandons, avec un intérêt facile à comprendre, des nouvelles de sa dernière expédition.

— Je suis parti l'année dernière, nous dit-il, afin d'obtenir la soumission des révoltés de la Maringa et du Lopori. Je ne croyais d'abord rester que trois ou quatre mois. Il m'en a fallu quatorze pour en finir. De même que chez les Budjas, j'ai mis tout en œuvre pour pacifier la région sans coup férir. Accompagné d'une troupe nombreuse, pour en imposer, j'ai été de village en village. J'ai vu, un à un, tous les chefs. J'ai fait tout ce qui était humainement possible pour éviter des effusions de sang. Je n'y ai malheureusement pas toujours réussi.

— Vous avez eu de nombreux combats ?

— Non, une seule escarmouche de quelque gravité. Un jour, avant le lever du soleil, quand je dormais encore, des indigènes se jetèrent sur notre camp. Mes soldats se défendirent. Quand j'accourus, en costume de nuit, il y avait déjà six morts. Je pus à grand'peine arrêter le combat ; mais à plusieurs reprises, dans la suite, des indigènes qui avaient attaqué, à coups de couteau, l'un ou l'autre de nos soldats, furent encore tués. Je dois dire, d'ailleurs, que la révolte de ces pauvres diables ne s'explique que trop par les mauvais traitements dont ils ont été l'objet, du temps de l'Abir.

— C'est fini maintenant ?

— Oui ; mais on peut dire que, dans le territoire de l'Abir, il n'y a plus guère de caoutchouc.

— On nous disait, ce matin, que le caoutchouc a beaucoup diminué dans presque toutes les régions, et qu'il fallait prévoir un déficit considérable pour les premiers exercices budgétaires du Congo belge ?

— Je suis de cet avis.

Nous continuâmes, longtemps encore, à parler de la question du caoutchouc, ou des impositions de vivres, et rien ne serait plus utile à la cause des réformes qui me tiennent à cœur que de reproduire les déclarations que nous fit M. Gérard. Mais il ne m'a pas autorisé à le faire. Peut-être ne désire-t-il pas qu'elles soient publiées. Je m'arrête donc, en me bornant à dire que, si tous ceux qui ont des responsabilités au Congo pensaient comme MM. Bertrand et Gérard, la cause des indigènes serait en de bonnes mains.

*
* *

LÉOPOLDVILLE

Nous venons de regagner le Stanley-Pool. Vanderlinden s'en va au Kassaï. Quatre jours me restent, avant le bateau d'Europe, pour voir Léopoldville et ses environs, Brazzaville et la Mission des Jésuites de Kisantu. M. le commissaire de district Moulard s'est arrangé pour que je ne perde pas une minute, et, grâce à lui, je suis venu à bout de mon programme sans rien manquer.

On a bâti Léopoldville au point même où Stanley aborda, lors de sa première descente du Congo. L'endroit eût pu être mieux choisi. Les rapides ne sont pas loin. On les voit écumer à moins d'un kilomètre. Il est arrivé plusieurs fois que des bateaux s'y perdirent. Pour éviter de nouveaux accidents, un steamer, le « Kempenaar », est constamment sous pression, pour rattraper, s'il le fallait, ceux qui se laisseraient prendre par le courant. D'autre part, la station n'est pas au débouché du chemin de fer des Cataractes. Celui-ci doit faire un détour de huit kilomètres pour y atteindre. Mais ces inconvénients n'on pas empêché que Léopoldville grandisse et soit, aujourd'hui, l'agglomération la plus vaste et la plus animée du Congo.

Plus de douze cents travailleurs y habitent, avec environ huits cents femmes. Leur camp, bien construit et admirablement tenu, occupe, avec la prison et le lazaret, les hauteurs qui dominent la ville. Les habitations des blancs sont plus bas, sous les cocotiers de l'allée du Roi-Souverain. A la rive, au pied du Mont Léopold, s'alignent les ateliers de réparations — qui vont être reconstruits —, la station du chemin de fer, les ateliers et les bureaux de la marine.

C'est à la rive, surtout, que l'activité est intense. On y construit, sous la direction du commandant Moulard, qui est officier du génie, de vastes quais, qui feront de Léopoldville le plus beau port fluvial du centre de l'Afrique. Il a fallu, pour les établir, combler un vaste marais, assurer l'écoulement des eaux qui descendaient du haut, amener à pied-d'œuvre des matériaux dont le transport n'a été rien moins que facile ; mais, à présent, le plus gros est fait ; une partie de la ligne des quais est achevée ; et, l'autre jour, pour la première fois, le « Hainaut » a pu accoster sans devoir faire, avec deux fonds de pirogue, une branlante et glissante passerelle.

Rien de plus pittoresque que la marine de Léopoldville, avec ses steamers de toutes grandeurs, depuis les minuscules « Délivrance » et le vieux bateau à vapeur de l'Association internationale africaine, jusqu'aux 35 ou 150 tonnes de l'Etat, et aux géants du fleuve, les 500 tonnes du type « Kitambo » qui font les transports pour le chemin de fer des Grands-Lacs. Une partie de cette flottille est au sec, et des ouvriers noirs y font des réparations ou peignent les carènes au minium. Le reste vient d'arriver du Haut, ou se prépare à partir. Il y a des jours où, à la même heure, le commandant du port, M. Paggi, en fait monter trois ou quatre, vers les Falls, vers le Kassaï, vers l'une ou l'autre des cent rivières qui apportent leurs eaux au Congo. Une foule nombreuse assiste toujours à ces départs : les boys de Léopoldville, tout de blanc vêtus et coiffés de « canotiers » irréprochables, viennent saluer leurs amis qui s'en vont ; les femmes, aux belles épaules et aux longs pagnes flottants, agitent des écharpes en signe d'adieu ; les agents de l'Etat interrompent un instant leur travail, pour serrer la main à ceux qu'ils ne reverront pas de longtemps, s'ils les revoient jamais. Puis tout rentre dans le calme. Les bateaux sont déjà loin. On s'est remis à la besogne. Les plumes grincent dans les bureaux. Les machines ronflent dans les ateliers. Les noirs regagnent les chantiers, et, dans l'allée du Roi-Souverain, les chameaux, les fameux chameaux de Léopoldville, montent, d'un pas mesuré, avec des charges de deux cents kilos, vers l'Hôpital de la Croix-Rouge, où l'on fait des travaux d'aménagement.

Précieuses bêtes que ces chameaux, qui mangent peu, qui travaillent dur, qui font, chacun, l'ouvrage de dix hommes, dans ce pays où la main-d'œuvre est si difficile à nourrir.

C'est un très gros problème, en effet, de trouver, tous les jours, deux mille rations, dans une contrée aussi pauvre que les environs de Stanley-Pool.

Pour y arriver, on peut avoir recours, et on a recours à trois moyens principaux : l'établissement des cultures vivrières ; l'importation de vivres du dehors ; l'obligation imposée aux habitants d'alentour de nourrir, au moins en partie, les gens de la station.

Tout d'abord, les femmes de travailleurs ou de soldats ont, autour du camp, quelques plantations ; mais, comme on ne les oblige pas à travailler, ces dames ne font pas grand' chose et aiment mieux passer le plus clair de leur temps à paresser sur une chaise longue, à jacasser avec des voisines ou à jouer de l'accordéon.

D'autre part, l'Etat a créé, dans la plaine de Dolo, une grande ferme où l'on travaille à l'européenne, avec des charrues et des bœufs d'attelage. Nous avons visité cette exploitation agricole avec M. Moulard, qui s'y intéresse beaucoup. Elle paraît fort intelligemment conduite, mais si l'on peut en attendre de sérieux résultats pour l'avenir, ce qu'elle produit en ce moment n'est que peu de chose au regard de ce qu'il faut pour nourrir les habitants de Léopoldville.

Quant aux importations de vivres du dehors, elles n'existent guère que pour les blancs, qui ont tous les jours le bœuf, les pommes de terre et un deuxième plat de viande. Il serait évidemment très utile de faire venir du riz, pour les travailleurs noirs, soit par les bateaux qui descendent de la Province Orientale, soit par le chemin de fer des Cataractes. Mais les tarifs de transport du riz, par le chemin de fer, sont deux fois plus élevés que la valeur de la marchandise, et, d'autre part, tout ce qu'il y a de riz dans la Province Orientale est actuellement absorbé par les travailleurs du chemin de fer des Grands-Lacs. On compte qu'à partir de l'année prochaine une partie de ce riz deviendra disponible, mais, en attendant, c'est surtout avec des chikwangues, fournies par l'impôt en nature, que l'Etat nourrit son personnel noir.

Chacun sait que cet impôt en chikwangue à donné lieu à d'acerbes critiques. Le dernier Livre Blanc anglais, par exemple, contient, pour la région de Stanley-Pool, des rapports consulaires, très pessimistes, qui affirment que les fournitures obligatoires de chikwangue forcent les femmes à travailler presque tout le temps pour l'Etat et les absorbent tellement que beaucoup d'entre elles deviennent incapables d'avoir des enfants.

Il est naturellement impossible, quand on se borne à passer, comme je l'ai fait, de contrôler pareilles assertions.

Je dois dire, cependant, que dans les villages situés aux environs de Léopoldville, où j'ai été avec M. Moulard, nous avons vu beaucoup d'enfants, et que les femmes qui faisaient la chikwangue, assises à croppetons dans leur case, semblaient travailler fort à leur aise, dans des conditions que nos ouvrières de fabrique auraient cent motifs d'envier.

D'autre part, M. Moulard admet que, dans les villages où la fabrication de la chikwangue est la seule industrie, les femmes y consacrent presque tout le temps, mais qu'elles ne doivent guère donner qu'une chikwangue sur sept à l'Etat; le reste est pour le marché libre ou pour la consommation familiale.

Mais, ces réserves faites, il n'en reste pas moins que l'obligation imposée aux femmes indigènes de fournir chaque année à l'Etat environ 400 kilos de chikwangue, livrables à courte échéance, représente une charge infiniment plus lourde que les impôts en argent ou en travail, qui existent dans toutes les autres colonies de l'Afrique tropicale.

On répond, il est vrai, que ces prestations sont rémunérées; que les contribuables peuvent payer leur impôt en argent; que beaucoup préfèrent payer en nature; qu'en tous cas on se propose de réduire les prestations, pour l'année prochaine, à la moitié de leur taux actuel.

Les prestations sont rémunérées; soit, mais elles le sont à six centimes le kilo, alors que le prix du marché est de dix centimes.

Les contribuables peuvent payer leur impôt en argent, mais l'argent est rare et l'Etat, jusqu'ici, n'a presque rien fait pour en généraliser l'usage.

Les indigènes, dans certains villages, préfèrent s'acquitter en nature, mais un missionnaire, à qui je citais ce fait, me disait que, dans beaucoup de cas, les gens à qui il faisait observer que mieux vaudrait pour eux payer en argent lui répondaient: « Quand nous payerons en argent, on ne tardera pas à nous réclamer tout de même des chikwangues. »

Enfin, il parait probable — bien que le gouverneur ne se soit pas encore prononcé — qu'à partir du 1er janvier prochain les fournitures obligatoires seront réduites de moitié; mais, d'après ce que m'a dit M. Moulard, les quantités fournies resteront presque les mêmes, parce qu'aujourd'hui les indigènes, auxquels on n'applique pas la contrainte, n'acquittent guère que la moitié de leurs prestations ; et, d'autre part, si l'impôt en nature est réduit, l'impôt en argent sera augmenté : au lieu de 9 francs pour les hommes et de 6 francs pour les femmes, il sera de 12 frs pour chacun des deux sexes.

Dans ces conditions, les indigènes seront intéressés à payer l'impôt en nature, réduit de moitié, plutôt que l'impôt en argent, porté à un chiffre qui doit être considéré comme

INDIGÈNES DU HAUT-FLEUVE

exorbitant, si l'on songe que, sur l'autre rive du Pool, à Brazzaville, les hommes, seuls, paient un impôt maximum de 5 francs et n'ont pas d'obligations militaires. Dès lors, le gouvernement, qui affirme, à toute occasion, qu'à ses yeux l'impôt en nature n'est qu'un pis-aller, versera dans cette contradiction étrange de donner une véritable prime à ceux qui ne paieront pas leur impôt en argent.

Au fond, ce que l'on veut, aujourd'hui comme hier, c'est payer peu pour obtenir beaucoup, et franchement, il est regrettable qu'une belle station comme Léopoldville où la condition du personnel de l'Etat paraît bonne, ait pour fondement économique le travail forcé des indigènes, moyennant une rémunération évidemment inférieure à ce que valent réellement les produits.

Il est entendu que pareil reproche s'adresse au système, et non pas à ceux qui l'appliquent. Tout le monde s'accorde à dire, par exemple, que dans l'exercice de ses difficiles fonctions M. Moulard n'apporte pas seulement la plus claire intelligence, mais une activité, une conscience, un esprit de justice qui lui valent des sympathies unanimes. Il peut revendiquer une grande part de ce qui a été fait de bien à Léopoldville. Il fait tout ce qui dépend de lui pour rendre plus supportable un régime de travail dont, au fond, il doit être d'accord avec nous pour souhaiter l'abolition.

***

Une visite a Brazzaville

Il serait difficile d'imaginer deux stations dont les principes d'organisation soient plus dissemblables que Léopoldville et Brazzaville, la capitale du Congo français.

A Léopoldville l'Etat est tout. Il a les bateaux du fleuve. Il occupe les travailleurs des ateliers. Il possède le tronçon de chemin de fer qui part de Kinshassa. Il loge et nourrit tous ses agents, grands et petits, blancs et noirs, militaires et civils.

A Brazzaville, au contraire, l'Etat n'est et ne veut être qu'organe de gouvernement. C'est une compagnie privée qui assure les transports sur le fleuve, qui occupe la plupart des travailleurs, qui groupe autour d'elle, dans le quartier des affaires, les factoreries où tout le monde s'approvisionne, car les agents ne reçoivent que leur solde : c'est à eux de pourvoir, comme ils l'entendent, à leur nourriture et à leur entretien.

Tandis qu'à Léo, l'argent ne joue qu'un rôle secondaire, à Brazza il intervient dans toutes les transactions. Les travailleurs sont payés en espèces ; les impôts le sont également ; on ne connaît absolument pas les prestations en nature, les paiements en marchandises, le mess obligatoire pour tous les blancs, hiérarchisés et militarisés. Bref, sur la rive belge, nous trouvons une sorte de socialisme d'Etat, bureaucratique et autoritaire; sur la rive française, par contre, une application rigoureuse du non-interventionnisme cher aux manchestériens.

S'il me fallait absolument choisir entre ces deux systèmes, j'éprouverais quelque embarras, car l'un et l'autre, dans leur outrance, présentent des avantages et des inconvénients.

Il est certain, par exemple, qu'à Léopoldville, si les employés préféreraient recevoir en argent leur indemnité de nourriture, les ouvriers blancs des ateliers se trouvent parfaitement bien du système du mess. Seulement, par le fait que l'Etat pourvoit à la plupart des besoins de son personnel, les factoreries de Léo font de maigres affaires et la rareté de l'argent tend à maintenir la corvée des vivres.

D'autre part, tous les fonctionnaires français que j'ai vus à Brazzaville se déclarent très satisfaits d'avoir généralisé l'emploi de l'argent, pour les échanges comme pour le paiement des impôts. Mais il n'est pas douteux que les petits agents, obligés d'acheter leurs vivres très cher et n'ayant que de faibles traitements, ont grand'peine à se tirer d'affaire et envient la table relativement bonne des agents de Léopoldville.

Quant à la question des transports fluviaux, je n'étonnerai personne en disant que je suis pour l'étatisme belge contre le capitalisme français. M. Moulard, qui partage cet avis, me disait qu'en général les bateaux des Messageries fluviales sont mal surveillés et ont des équipages infectés de maladie du sommeil — ce qui est un danger permanent pour les passagers — tandis que, sur les bateaux de Léo, l'Etat procède à une sélection rigoureuse et ne compte, dans sa marine, que des gens parfaitement sains. (1)

(1) A la suite de mes articles du *Peuple*, j'ai reçu de M. Fondère, administrateur des Messageries fluviales, une lettre opposant à l'appréciation de M. Moulard le témoignage de M. le colonel Mangin, qui écrivait dernièrement à la Compagnie, au retour d'un voyage dans l'Oubangui : « J'ai été excessivement satisfait du service des Messageries, en particulier de la discipline des équipages, de leur bonne tenue et de la façon dont les capitaines exercent leur autorité à bord. » Soucieux, avant tout, d'être impartial et objectif, j'ai tenu à publier cette rectification, tout en faisant observer que la lettre du colonel Mangin ne contredit pas l'affirmation de M. Moulard, en ce qui concerne l'état sanitaire des bateaux français.

Mais il va sans dire que je ne prétends pas, après une visite de quelques heures, porter un jugement sur les méthodes et les résultats de la colonisation française, de l'autre côté de Pool.

Une chose est certaine, c'est que l'on a énormément et utilement travaillé à Brazzaville, dans ces derniers temps.

Certes, au point de vue de l'importance, la petite capitale du Congo français ne peut lutter avec Léopoldville, mais elle a quelque chose de plus riant, de plus coquet, et les parterres de fleurs que l'on trouve devant les maisons leur donnent un charme que l'on chercherait vainement sur la rive belge.

Brazzaville, d'autre part, pourrait être appelée, comme Washington, la ville des «magnifiques distances». Le plateau du gouvernement, où habitent le gouverneur et les fonctionnaires, est à cinq kilomètres au moins du quartier des factoreries et des Messageries fluviales. Entre ces deux agglomérations, sur une hauteur, on découvre la Mission catholique de Mgr Augouard, que nous nous proposions de visiter tout d'abord.

Nous y étions depuis quelque temps, quand M. Martineau, gouverneur général du Congo français, vint nous rejoindre, acheva la visite avec nous, et proposa d'aller voir, avant déjeuner, les installations des Messageries fluviales.

Par la chaleur qu'il faisait — 35°6 à l'ombre — marcher jusque-là eût été terrible, mais on nous avait amené des chevaux et des voiturettes, et, l'instant d'après, tandis que M. Moulard montait à cheval, nous nous installions confortablement dans une voiturette à roues pneumatiques, que deux boys, un devant, un derrière, faisaient filer avec une rapidité étonnante.

Il n'y a pour ainsi dire pas de colon à Brazzaville qui n'ait une de ces voiturettes. On se gausse un peu des Belges qui tricotent bravement des jambes et ne recourent à aucun moyen de locomotion artificielle, mais je crois qu'en définitive les Belges ont raison et doivent se porter beaucoup mieux que les Français, qui ne font à peu près aucun exercice.

Seulement, une fois n'est pas coutume et j'avoue que les voiturettes nous furent très agréables lorsque, sous le soleil de midi, il fallut regagner le plateau du gouvernement et chercher, dans l'hospitalière maison de M. Martineau, un refuge contre l'effroyable température du dehors.

On était si bien à la Résidence, la conversation de notre hôte et de ses amis était si attachante, que peu de temps nous resta, à la fin de l'après-midi, pour voir le marché, où il y a du monde jusqu'au soir, et l'école, la seule école laïque qui soit ouverte au Congo, en attendant celle de Coquilhatville.

Quelqu'un nous demandait, l'autre jour, comment on ferait pour trouver, en Afrique, d'autres instituteurs que les missionnaires ?

Il suffira d'imiter ce qui se fait à Brazza, et ailleurs dans les colonies françaises. Deux agents, après leurs heures de travail — que l'on écourte à cet effet — font la classe, chacun pendant deux heures, moyennant une légère rétribution supplémentaire.

Mieux vaudrait, certes, des instituteurs qui ne fassent pas autre chose, mais, néanmoins, quand on compare l'école publique de Brazzaville à celle que, le matin même, nous visitions chez Mgr Augouard, la supériorité de la première ne saurait laisser aucun doute.

Le soir tombait, et nous descendions vers la rive, pour rentrer à Léo, quand on nous montra, dans un bas-fond, des cultures maraîchères admirables, dignes d'être comparées à celles que l'on rencontre aux environs de Paris. Elles sont faites, nous dit-on, par deux Annamites, que l'on a déportés ici, à la suite d'une révolte. Contrairement à ce que l'on pouvait attendre, ils se sont faits à leur nouvelle vie. Leurs jardins prospèrent. Leur bourse s'arrondit. Ils ont épousé des femmes du pays, et ont eu des enfants qui ont la peau noire de leur mère, les yeux bridés de leur père, avec une drôle de frimousse, moitié souris et moitié rat.

Mais pour deux qui ont réussi, combien n'en est-il pas qui sont morts ! De tous ceux, par exemple, que l'on a envoyés au Gabon, pas un seul n'a survécu. Aussi a-t-on renoncé à ces déportations, qui équivalaient à la peine de mort, et se borne-t-on à envoyer les Annamites que l'on condamne en exil, dans une île, située près de la côte, où ils ont le climat et la nourriture de leur pays natal.

***

Les jésuites de Kisantu

De tous les religieux que j'ai rencontrés au Congo, aucun ne m'a fait plus grande impression que le Père Banckaert, supérieur des jésuites de Kisantu. Brugeois d'origine, le Père Banckaert a bien l'allure de ces moines démocrates qui aidaient les communiers des Flandres à lutter contre la fleur de lys. Sa grande barbe blanche encadre un visage coloré, jovial, qu'éclairent de beaux yeux, intelligents et vifs. C'est évidemment un brave homme. Ce doit être aussi un homme d'une énergie terrible, quand ses croyances sont en jeu.

Nous l'avions rencontré à Léopoldville. Il insista pour que nous nous arrêtions au moins une après-midi à Kisantu, et c'est pour répondre à cette invitation, très cordialement faite, que, le 2 octobre, nous quittâmes le train qui montait à Thysville, pour visiter la Mission.

Presque tous les Pères nous attendaient à la gare, et nous firent le meilleur accueil. Le Père Banckaert nous traça un programme d'utilisation maximum du peu de temps que nous avions, et, pendant quatre heures, infatigablement, nous conduisit lui-même, de la résidenee des Pères au couvent des sœurs de Notre-Dame, des écoles au lazaret, de la Mission à l'admirable jardin qu'un savant très humble, le Frère Gilet, cultive avec amour, depuis de longues années, et qui contient une collection merveilleuse de plantes tropicales.

On sait que Kisantu est, en première ligne, une colonie d'enfants « orphelins et abandonnés », que l'Etat confie aux missionnaires pour faire leur éducation. Avant le passage de la Commission d'enquête, les « enfants » pouvaient être retenus à la colonie jusqu'à l'âge de 25 ans ! Aujourd'hui, cette limite d'âge a été ramenée à 21 ans, ce qui est encore énorme, étant donnée la maturité précoce des jeunes noirs.

Il y a actuellement, à Kisantu, quatre cents garçons et cinq cents filles. On tâche d'en faire de bons catholiques. On leur apprend à lire et écrire. On leur enseigne un métier. On les prépare à habiter un jour les fermes-chapelles, distinctes des villages indigènes, que les jésuites tendent à multiplier, et qui font involontairement songer aux célèbres colonies du Paraguay.

Du point de vue de l'aspect extérieur, Kisantu est admirable. La Mission est établie sur un plateau, qui domine la vallée de l'Inkissi. De vastes cultures vivrières, faites à la charrue, l'entourent de toutes parts. Les bâtiments sont spacieux. Les nouveaux ateliers de menuiserie et la forge, qui vont être inaugurés, témoignent de la grande habileté manuelle des noirs éduqués par les Pères. L'église et les habitations des religieux et des sœurs sont installées au milieu de belles pelouses, où des caféiers en pleine floraison — la première vision printanière que nous ayons eue en Afrique — et de superbes bordures d'amaryllis rouges mettent une note d'éclatante gaieté.

On nous fit visiter les écoles et, guidés par les sœurs de Notre-Dame, les ateliers de couture, où des fillettes, gentiment habillées, s'initiaient aux mystères de l'aiguille et de la machine à coudre.

Je n'ai pas eu le temps de me faire une idée des méthodes d'enseignement usitées à Kisantu ; mais le Père Banckaert m'a remis son « Manuel à l'usage des Bacongos pour apprendre le français ». Je l'ai examiné à loisir. Il est extrêmement bien fait, et, en général, ne parle aux noirs que de choses qu'ils sont à même de comprendre.

Pourquoi faut-il, toutefois, qu'après des exercices où il est question de chemin de fer, de village, de la classe, des maladies, de la cuisine, et d'autres choses qui peuvent réellement intéresser les enfants, on y trouve cette étonnante diatribe contre les missionnaires d'à côté :

« — Qu'enseignent donc les protestants ?

« — La doctrine de Jésus-Christ falsifiée.

« — Les catholiques prétendent cela, mais qu'ils le prouvent.

« — Mais c'est bien facile. Luther, le père des protestants, fut d'abord un prêtre catholique, mais il devint orgueilleux. Pour se venger du pape, il changea la doctrine de Jésus-Christ.

« — Mais Luther est un saint !

« — Bah ! Un drôle de saint, un orgueilleux, un ivrogne, qui, après avoir bu et mangé à l'excès, est mort misérablement. »

Et ainsi de suite !

On se demande ce que les jeunes nègres de Kisantu peuvent bien comprendre à ces dévotes querelles ? Mais, pour être juste, il faut dire que, si les jésuites n'aiment pas les protestants, ces derniers le leur rendent bien. Depuis quelque temps surtout, on en est à la guerre au couteau. Les jésuites disent que les protestants sont des ennemis de l'Etat, qui poussent les indigènes à la révolte. Les protestants répondent que c'est, au contraire, l'omnipotence des jésuites, partout où ils ont des Missions, qui énerve l'autorité de l'Etat, et que, dans leur rage de prosélytisme, par une interprétation arbitraire de la loi, ils contraignent à entrer et à rester chez eux des enfants qui ne sont ni orphelins, ni abandonnés, et qui sont si nombreux que, ne parvenant pas à les nourrir, avec leurs seules ressources, ils les entretiennent avec le produit des impositions indigènes.

Qu'il y ait une âme de vérité dans ces accusations, c'est ce que des gens sans parti-pris, plutôt favorables à Kisantu, m'ont catégoriquement affirmé.

Dans le passé surtout, bien des enfants ont été remis aux jésuites, qui n'étaient ni orphelins, ni abandonnés. Aujourd'hui encore, on en trouverait, sans doute, qui restent à la Mission, moins par gré que par force ; et, d'autre part, il est certain que, dans leur désir de « sauver des âmes », les Pères ont chez eux plus d'enfants et de jeunes gens qu'ils ne peuvent en nourrir par leurs propres moyens.

Aussi leur situation serait-elle intenable, si l'Etat ne leur abandonnait pas les impositions en chikwangue de plusieurs villages des environs de Kisantu.

On ne s'étonnera pas que, dans ces conditions, le Père Banckaert soit plutôt défiant à l'égard de l'introduction de la monnaie, qui pourrait, dans une large mesure, lui couper les vivres.

Je me permis de lui demander, chemin faisant, s'il était vrai, comme les missionnaires protestants le disent, que les jésuites s'aliènent les populations indigènes, en usant de tous les moyens pour grouper autour d'eux le plus grand nombre possible de garçons et de filles ?

« Comment peut-on nous le reprocher, me répondit le Père Banckaert. Les enfants que nous avons ici, nous les arrachons à la plus affreuse barbarie. Quand ils n'ont plus ni père, ni mère, on ne les abandonne pas, c'est possible ; mais on les maltraite, on les exploite, on les laisse croupir dans la plus crasse ignorance. Même si nous n'étions pas dominés avant tout par le désir d'en faire des chrétiens, de les arracher au paganisme, nous devrions les recueillir encore, ne fût-ce que pour améliorer leur condition matérielle. Peut-être dira-t-on que nous les gardons, ou, plus exactement, que nous avons le droit de les garder trop longtemps. Que l'on fixe la limite à 17 ans, au lieu de 21, cela m'est égal; mais, aussi longtemps qu'ils sont jeunes, qu'on nous laisse le droit de les prendre et de les garder, dans l'intérêt de leur corps, comme dans l'intérêt de leur âme. »

Pendant que le Père Banckaert parlait ainsi, nous étions arrivés au lazaret, où l'on soigne les petites filles atteintes de la syphilis ou de la maladie du sommeil. Elles étaient une cinquantaine, les pauvrettes; quelques-unes très malades; la plupart, pourtant souriantes, dans l'inconscience de leur état. C'est un des Pères, plus ou moins médecin, qui les soigne. Il est assez satisfait des résultats obtenus : beaucoup de décès, naturellement; mais, aussi, des améliorations, et, probablement, des guérisons.

Le lazaret est sur une éminence débroussée, d'où l'on découvre une vue admirable. Il allait faire nuit. Le soleil venait de disparaître à l'horizon. Les lointains bleus se faisaient plus sombres. La paix du soir descendait sur les misérables victimes de la débauche ou de l'incurie de leurs proches, et, à voir combien le Père Banckaert et ses Frères en religion étaient doux et bons pour ces déshérités, je me disais que leurs adversaires faisaient une erreur de psychologie, en incriminant leurs intentions et en les accusant — comme je l'ai souvent entendu faire — d'agir plutôt dans l'intérêt de leur congrégation que dans l'intérêt de leurs protégés.

Mais de ce que les missionnaires de Kisantu soient des hommes de grand cœur, de ce que leur œuvre est, à bien des points de vue, digne d'admiration et d'éloges, ce n'est pas un motif pour conclure que les critiques dont ils sont l'objet ne soient pas, au moins en partie, fondées.

« Leur but est excellent — me disait quelqu'un de bien placé pour les connaître — mais leurs moyens sont souvent blâmables. Ils gardent à Kisantu, et surtout dans leurs autres Missions, plus d'enfants qu'ils ne peuvent en nourrir, avec leurs seules ressources. Ils se procurent des vivres en faisant travailler à leur profit, ou plutôt au profit de leur œuvre, les populations des villages d'alentour ; et, somme toute, par leur âpreté à faire la chasse aux enfants, et à percevoir les fournitures obligatoires de vivres, en lieu et place de l'Etat, ils en arrivent à être fort mal vus des indigènes, auxquels, cependant, ils ne veulent que du bien. S'ils réduisaient leur colonie de moitié ; s'ils ne prenaient pas plus d'enfants que leurs ressources propres ne le permettent, ce serait parfait ; mais ils veulent plus ; ils sont possédés du désir de pêcher des âmes ; ils rêvent de faire passer par leurs mains toute la jeune génération du pays ; et, par leur combativité, comme par leur esprit de domination, ils finissent par s'aliéner des hommes qui, dans certaines limites, ne demanderaient pas mieux que de les aider. »

J'ai, ainsi, laissé successivement la parole au Père Banckaert et à ses adversaires, aux apologistes et aux critiques. Quant à mon sentiment personnel, je ne puis que le réserver, faute de documentation suffisante. Mais, comme cette question des orphelins est capitale, comme elle se pose, au Congo, partout où il y a des Missions catholiques, je fais le vœu qu'elle soit étudiée de près, moins superficiellement que ne le fit la Commission d'enquête, avec la seule préoccupation de l'intérêt des populations indigènes, et, avant tout, de l'intérêt des enfants.

Kisantu fut ma dernière étape. Un train spécial nous attendait et, une heure après nous étions à Thysville. Le lendemain, nous descendions à Matadi, où l'« Albertville » était en partance, et, après avoir, encore, passé une bonne soirée avec M. et Mme de Backer, et, pendant une journée d'arrêt à Boma, remercié le gouvernement et M. Van Damme de tout ce qu'ils avaient fait pour nous, je quittai, non sans émotion, cette terre d'Afrique où, pendant deux mois, j'avais vu et appris tant de choses. Quatre heures après, nous étions en mer. Banane se perdait dans le lointain. Les bancs d'argile rouge de la côte de Moanda se voyaient longtemps encore, sous le soleil du midi, puis disparaissaient, à leur tour, dans la brume. Dans huit jours, nous serons à Sierra-Leone ; dans trois semaines, nous débarquerons à Anvers.

*
* *

Sierra-Leone

Il faisait beau, cette fois, et nous avons pu débarquer, pour quelques heures, à Freetown, la capitale de Sierra-Leone.

Freetown est une ville de vingt-cinq mille habitants, établie, au pied de hautes collines, dans une véritable corbeille de fleurs. Les rues sont très pittoresques, avec leur sol d'argile rouge, où l'herbe pousse dru, leurs maisons à l'européenne, dont beaucoup, couvertes d'humidité, paraissent dater du dix-huitième siècle, et leurs innombrables échoppes,

SIERRA-LEONE

tenues par des nègres et des négresses, où l'on débite toutes choses imaginables, depuis la camelote « made in Germany », jusqu'aux tomates et aux piments, rouges, verts et jaunes, qui servent à assaisonner la cuisine indigène.

Sur le toit du marché, au bord de la mer, une troupe d'énormes vautours dort, la tête sous l'aile, ou prend son vol, à la recherche de quelque charogne. Ces horribles bêtes sont chargées, à peu près seules, du nettoyage de la ville.

Après être montés aux casernes, bâties sur la hauteur, et

d'où l'on découvre une vue splendide, nous parcourons toute la ville basse, jusqu'au torrent d'eau limpide, frayant son cours à travers un véritable bois de palmiers et de bananiers, qui sert de limite à Freetown, du côté du Sud.

Pendant cette promenade, c'est à peine si nous apercevons une demi-douzaine d'Anglais. Ils sont commodément vêtus de khaki, tandis qu'au Congo les Belges s'obstinent à porter des vêtements blancs, qui prennent la saleté dès le premier jour, et qui leur donnent, trop souvent, un aspect de malpropreté repoussante.

Ces quelques Anglais seuls exceptés, la foule énorme qui grouille dans les rues se compose exclusivement de noirs, appartenant à toutes les professions et à toutes les classes. Noirs, les paysans et les paysannes, au madras bariolé, qui apportent en ville des fruits et des légumes ; noirs, les employés de la poste, « gentlemen colorés », en complet bleu, avec une fleur à la boutonnière ; noirs, les hommes de police, qui s'exercent au maniement du fusil devant leur corps-de-garde ; noirs, les banquiers et les notables commerçants qui, dans leur office, donnent des ordres à tout un peuple de subalternes ; noir, le gros médecin, lunetté d'or et cravaté de blanc, qui fait ses visites dans un palanquin porté par quatre domestiques.

Nous voici loin du Congo, où, à part Lusambo, le chef de station de Léo, et quelques employés nègres du chemin de fer, je n'ai pas vu un seul indigène qui ne fût occupé à des travaux manuels.

Ici, au contraire, les Anglais ont pour pratique, sinon de préparer leur abdication, du moins de limiter leur action de telle sorte que, seules, les hautes fonctions gouvernementales restent entre leurs mains. En respectant les coutumes indigènes, en faisant œuvre d'éducation politique et sociale, plutôt que de domination, ils sont arrivés à ce résultat admirable que la capitale de Sierra-Leone peut, à bon droit, s'appeler Freetown : c'est une ville libre, une république noire, sous la protection de l'Angleterre ; et c'est la démonstration éclatante de ce fait que la colonisation n'implique pas toujours l'asservissement des peuples colonisés.

***

UN DEUIL A BORD

Un missionnaire, qui s'était embarqué avec nous à Matadi, s'est alité hier. Ce matin il avait 43 degrés de fièvre et les médecins le considéraient comme perdu. A sept heures, il était mort, et l'on annonçait que ses obsèques auraient lieu à dix heures. Tous les passagers et les gens d'équipage y ont assisté. Le cadavre, enveloppé dans un linceul, et couvert du drapeau anglais, à été porté sur le pont par quatre matelots. Le capitaine, blême d'émotion, s'est avancé et a dit la prière des morts. Pendant qu'il finissait, on a fait glisser le corps, très doucement, dans la mer, tandis que l' « Albertville » poursuivait, sans avoir ralenti, sa marche vers le Nord.

J'ai vu d'émouvantes funérailles. Je n'en ai jamais vu qui m'aient fait impression aussi poignante, et, toute la journée, j'ai été obsédé par la pensée de cet homme, que personne de nous ne connaissait, que nous avions à peine remarqué, et qui venait ainsi de disparaître, dans la fosse commune de l'océan, avant même que son corps eût eu le temps de refroidir.

Quelqu'un me disait n'être jamais rentré du Congo, sans que l'on ait dû jeter à l'eau au moins un mort.

***

SANTA-CRUZ DE TÉNÉRIFFE

Nous arrivons à Santa-Cruz le dimanche. Aussi, les passagers qui comptaient y faire de menus achats sont fort désappointés. Les Espagnols ont fait une loi sur le repos dominical, et les membres de la colonie belge, à qui certains d'entre nous s'adressent, déclarent qu'il est impossible d'acheter quoi que ce soit, tous les magasins étant rigoureusement fermés, sous peine d'amende.

Cependant, comme nous descendons de la Laguna, où nous a conduit le tramway électrique belge des frères Fichefet, notre guide, un juif marocain, qui s'est attaché à nous, sans notre aveu, et ne nous lâche plus d'une semelle, demande si nous ne désirons pas visiter quelques magasins, où, naturellement, il touche des commissions. Sur notre réponse affirmative, il nous introduit, par une porte basse et des escaliers détournés, dans deux bazars, où le personnel, au complet, affairé comme les jours ouvrables, débite des cols, des soies, des lingeries à une clientèle nombreuse d'étrangers et de gens de la ville.

Voilà le repos dominical tel que l'entendent les Espagnols : on ferme la grand'porte, pour honorer Dieu, et on ouvre la petite, pour remplir la caisse.

Ce n'est pas seulement en Belgique que l'on connaît les lois de façades !

Nous sommes restés à Santa-Cruz jusqu'au soir, l' « Albertville » devant embarquer, à destination de Southampton, deux mille tonnes de bananes.

Les bananes et les tomates sont les deux grands produits agricoles de Ténériffe. Toutes les hauteurs qui dominent Santa-Cruz ne sont que champ. de tomates ; tandis que, de l'autre côté de l'île, dans la verte vallée d'Oratava, on obtient, chaque année, plus de deux millions de régimes de bananes, que l'on exporte en France, et surtout en Angleterre où, grâce au bon marché de ces fruits, les gens du peuple en font une énorme consommation.

Comment n'en est-il pas de même en Belgique ? Comment se fait-il que les bateaux du Congo débarquent tout leur chargement de bananes à Southampton, et rien, ou presque rien, à Anvers ?

Parce que, me dit-on, les droits d'entrée, en Belgique, sont trop élevés, et que, de plus, au lieu de faire payer ces droits par régime, on oblige les importateurs à ouvrir leurs caisses et à déballer les fruits, qui noircissent et se gâtent au moins en partie : si bien que, dans ces conditions, le bénéfice du producteur se réduit à néant.

Il serait bien désirable, cependant, que, chez nous, comme en Angleterre, la banane, qui est un aliment de premier ordre, cessât d'être un fruit de luxe, et entrât dans la consommation courante.

Puisque M. Schollaert, chef du cabinet, est devenu, en même temps, ministre de l'agriculture, je me permets de lui recommander cette question des bananes. Elle ne paraît point difficile à résoudre et sa solution serait un bienfait pour beaucoup de pauvres gens.

***

Flessingue

A Ténériffe, nous portions encore les vêtements blancs et le casque colonial. Deux jours après, l' « Albertville » entrait dans les eaux d'Europe, et les vents froids du large nous annonçaient déjà l'automne de nos pays. Cette nuit, il a neigé dans la Manche et c'est en grelottant que j'arpente le pont, avec trois journalistes belges, venus pour m'interviewer. Quelques heures encore, et je verrai la fin de ce voyage, qui me laisse des souvenirs inoubliables, et qui, peut-être, ne sera pas inutile à la défense de ces populations indigènes, qui m'inspiraient une grande pitié avant de les connaître, et pour qui ma sympathie n'a fait que grandir, depuis que j'ai pris contact avec elles.

CONCLUSION

Charles Gide dit, quelque part, que, pour les peuples les plus avancés, la colonisation est moins un droit qu'un devoir envers les populations arriérées.

C'est une question, cependant, que de savoir si les populations arriérées gagnent plus qu'elles ne perdent, au contact des Européens, et cette question, je me la suis posée bien souvent, avec une anxiété véritable, pendant notre voyage au Congo.

Dans le Bas, tout d'abord, il n'est malheureusement pas douteux que, sans parler des ravages causés naguère par la traite, l'emploi séculaire d'alcool comme marchandise d'échange ait eu pour effet d'abrutir les individus et de faire cette race de rabougris et de dégénérés que l'on rencontre sur la côte ou dans les forêts de Mayombe.

Depuis les Actes de Berlin et de Bruxelles, assurément, quelque chose a été tenté pour combattre l'action néfaste de l'alcoolisme. L'eau-de-vie a été lourdement taxée. Son emploi comme médium des transactions ou salaire du travail est devenu plus rare, à mesure que l'argent se répandait ; et, aujourd'hui, dans le Bas-Congo, on rencontre, incontestablement, des travailleurs dont la condition est plus favorable que si la conquête blanche n'avait pas eu lieu. Je songe, par exemple, aux ouvriers de Boma ou de Banana, aux mariniers du fleuve, aux indigènes employés dans les plantations de cacao de Mayombe, aux soldats de la force publique, qui forment, parmi les Congolais, une véritable classe privilégiée.

Mais que d'efforts il faudra avant que cette amélioration du sort des uns compense seulement le mal que les « civilisés » ont fait aux autres !

Si nous passons, maintenant, dans la région des cataractes, chacun sait que l'établissement de relations fréquentes entre le Bas et le Haut a eu, pour les populations, deux conséquences meurtrières : le portage, exigeant des milliers d'hommes et leur imposant de terribles fatigues, les a décimés ; la maladie du sommeil, propagée par les caravanes, a pénétré dans tous les villages et fait, plus que jamais, des ravages terrifiants.

Il est vrai que le chemin de fer, achevé en 1897, a mis fin à la calamité du portage ; qu'en donnant du travail à plus de deux mille noirs, bien logés et bien nourris, il crée, peut-être, la barrière la plus puissante à des progrès nouveaux de la maladie du sommeil ; mais cela n'empêche pas, ou n'empêche pas encore, que, dans toute la contrée qui s'étend de Matadi au Stanley-Pool, les résultats de l'occupation blanche se soldent par un déficit de vies humaines.

Quant aux régions du Haut (celles, bien entendu, que nous avons visitées), si la maladie du sommeil ne s'y était pas propagée et ne tendait à s'accroître, celui qui ne verrait que les rives du fleuve, où beaucoup de villages ont disparu, mais ont été remplacés par de belles stations comme Irebu, Coquilhatville, Léopoldville ou Lisala, serait porté à croire que, dans cette partie du Congo, l'influence des Européens peut avoir été plutôt bienfaisante.

Mais il en va tout autrement lorsqu'on pénètre dans l'intérieur, lorsqu'on traverse les régions forestières, où les populations indigènes sont astreintes, pendant le tiers ou les deux tiers de l'année, pour une rémunération dérisoire, au dur travail du caoutchouc.

C'est à propos de ces régions que, le 12 mai 1907, Mgr Roelens, évêque catholique du Haut-Congo, écrivait à M. de Cuvelier, secrétaire-général de l'Etat Indépendant :

« On emporte, malgré soi, de ce voyage, l'impression que l'exploitation des richesses du pays est le but premier et principal poursuivi par toute l'organisation de l'administration congolaise... Tout a pour but le caoutchouc... Il m'est avis que les ennemis du Congo ne sont pas tout à fait dans leur tort quand ils affirment que l'Etat n'a pas fait et ne fait pas encore ce qu'il devrait faire pour l'amélioration du sort des noirs... Car qu'a-t-il fait et que fait-il pour relever la race noire ? Bien peu de chose... Presque rien d'utile directement pour les noirs. »

Dans ces conditions, évidemment, la conquête blanche n'est guère autre chose que prédatrice. Elle rafle les richesses naturelles du pays, et l'appauvrit d'autant, sans rien donner aux indigènes que les marchandises de traite qui ne représentent même pas le quart de la valeur de leur travail.

Je sais bien qu'à côté du caoutchouc que l'on prend, il y a le caoutchouc que l'on plante. Je tiendrais toute entreprise coloniale pour une spoliation pure et simple, si je ne croyais pas que, dans un avenir plus ou moins prochain, le système de la rafle, par la contrainte, fera place à des modes de travail et d'exploitation du sol, à la fois plus humains et plus rationnels.

Mais, en attendant, une chose paraît malheureusement certaine, c'est que, jusqu'à présent, les populations congolaises, qui ont eu la mauvaise fortune de vivre dans les régions caoutchoutières, ont dû subir tous les inconvénients et les abus de l'occupation blanche, sans en connaître les avantages.

Aussi, la tâche la plus urgente que la reprise du Congo impose à la Belgique, c'est d'améliorer leur sort misérable, par des réformes radicales.

Dès avant de partir pour l'Afrique, j'étais déjà fermement convaincu de la nécessité de ces réformes, dans le sens de l'abolition des diverses formes du travail forcé et de la reconnaissance du droit des indigènes sur les produits naturels du sol, et spécialement des forêts.

D'autre part, je pensais que l'accomplissement de ces réformes, ainsi que le développement de l'outillage économique et la mise en valeur du pays, obligeraient la Belgique à faire des avances considérables, pendant un certain nombre d'années.

Après ce que j'ai pu observer sur place, mon opinion s'est-elle modifiée sur l'un ou l'autre de ces points ?

Elle ne s'est pas modifiée, mais elle s'est accentuée.

Plus encore qu'avant d'avoir vu, je tiens le Congo pour un champ d'action admirable, où l'on a déjà fait de grandes choses, mais où il reste tant de choses à faire que la mise en valeur en sera très onéreuse, du moins pendant les premières années.

Quant aux réformes — spécialement en ce qui concerne la corvée du caoutchouc — je considère, plus que jamais, la Belgique comme engagée d'honneur à les réaliser ; mais en outre — et de ceci je ne me doutais pas avant d'être sur place — j'ai acquis la conviction que, même si elle était tentée de s'y soustraire, même si des considérations de justice, d'humanité ou de respect d'engagements internationaux ne les imposaient pas, encore faudrait-il les faire, *parce que, du point de vue purement économique, le système actuel, le système de la contrainte, ne rend plus.*

Partout, en effet, la résistance des indigènes, l'appauvrissement des forêts en lianes exploitables, la moindre rigueur avec laquelle, depuis le passage de la Commission d'enquête, on pratique les « perceptions de l'impôt », aboutissent à des résultats tels que les chefs de poste jettent le manche après la cognée et sont les premiers à dire qu'il faut demander au travail libre, avec rémunération sérieuse, ce que l' « impôt en travail » avec rémunération dérisoire ne parvient plus à donner.

Aussi tout fait prévoir que, par la force des choses, plus encore que par la force de l'opinion, la corvée du caoutchouc, déjà sensiblement réduite, finira par être complètement supprimée.

Mais la corvée du caoutchouc, pour être plus abhorrée que toutes les autres, n'est cependant qu'une des pièces du système inauguré par le roi Léopold.

La question plus générale qui se pose actuellement au Congo, comme dans toute l'Afrique tropicale, c'est la question de savoir si, pour amener les populations noires, non pas à travailler — elles le font depuis toujours — mais à travailler d'une manière profitable aux Européens — c'est la seule chose qu'on ait en vue — il faut les y obliger, sauf à dissimuler cette obligation sous l'apparence d'impôts et de travaux d'utilité publique, ou bien les y engager, en leur offrant la perspective d'une rémunération équitable.

Je reconnais volontiers que, de ces deux systèmes, le premier est le plus commode.

Il est très commode, en effet, quand on a besoin de bras pour les mines de Kilo ou pour le chemin de fer des Grands-Lacs, de ne pas se casser la tête sur le chiffre des salaires à payer ou les moyens à mettre en œuvre pour obtenir des travailleurs libres : on amasse le nombre voulu d'indigènes, on les met à la chaine et on les conduit, comme du bétail, à l'endroit où on en a besoin.

Cavour disait naguère : « Rien n'est plus facile que de gouverner avec l'état de siège : un âne même y suffirait. »

De même, rien n'est plus facile que d'obliger des gens à travailler pour un peu d'étoffe ou quelques poignées de sel : il suffit d'avoir des officiers à poigne et une force publique disciplinée.

Le malheur est qu'à la longue ce beau système ne donne plus que d'assez pauvres résultats : l'opinion publique s'émeut ; les missionnaires et les magistrats y regardent de près ; les indigènes, encouragés par l'appui qu'ils trouvent chez certains blancs, deviennent rétifs ; les méthodes vicieuses d'exploitation finissent par rendre le travail forcé plus onéreux que le travail libre ; bref, on en arrive à penser que, somme toute, les procédés les plus commodes ne sont pas toujours les meilleurs.

C'est dans cet état d'esprit que se trouvent actuellement au Congo tous ceux qui sont capables de penser par eux-mêmes, de profiter des leçons de l'expérience et de ne pas se contenter d'obéir passivement aux ordres d'en haut.

Aussi est-il permis d'espérer que, sous leur influence, combinée avec celle des philanthropes qui s'inspirent surtout de considérations d'humanité pure, nous assisterons, avant peu, à l'abolition d'un régime de servage que personne, en Afrique, ne semble plus disposé à défendre.

Mais à cette réforme fondamentale se lient d'autres réformes, qui en sont le complément nécessaire.

Tout se tient, en effet, dans le régime d'exploitation, excessivement ingénieux, que le roi Léopold a organisé au Congo : aussi ne suffit-il point d'abolir le travail forcé ; encore faut-il rendre possible le fonctionnement d'un système de travail libre, par la généralisation de la monnaie, le paiement en espèces des salaires, des produits et des impôts, la liberté commerciale, la reconnaissance de ce fait que, les indigènes ayant des droits sur *leurs* forêts, les produits naturels de celles-ci doivent, en toute justice, leur appartenir, comme ils leur appartiennent, d'ailleurs, dans toutes les colonies anglaises et françaises de l'Afrique occidentale, à la seule exception du Congo français.

De plus, ce régime nouveau exigera de ceux qui auront à l'établir et à le mettre en action infiniment plus de tact, de doigté, de préparation à la vie coloniale, que le régime de la poigne et de la chicotte. D'où la nécessité, je ne dis pas d'un personnel nouveau, mais d'un personnel renouvelé, épuré, débarrassé de ses mauvais éléments et, autant que possible, de ceux qui, tout en étant de fort braves gens, paraissent incapables de s'adapter à des méthodes nouvelles.

Si nombreuse, au surplus, que puisse être cette dernière catégorie, je me garde bien de penser que, parmi les agents actuels de l'Etat, il n'y ait pas une forte proportion d'hommes de mérite, dont les services resteront indispensables à la Belgique.

Pour ce qui concerne le haut personnel, par exemple, j'estime que la militarisation à outrance du Congo doit prendre fin et que l'élément civil doit acquérir la prépondérance qu'il n'a pas aujourd'hui ; mais, moi qui n'avais guère été en contact personnel, jusqu'à présent, avec des officiers, et qui avais contre eux des préventions d'antimilitariste décidé, je me reprocherais de ne pas dire combien j'ai été agréablement surpris de voir avec quelle facilité et quel succès les lieutenants et les capitaines de l'armée belge, obligés, du jour au lendemain, d'exercer des fonctions civiles et administratives, se sont tirés d'affaire, et, laissant leur sabre à la maison, sont devenus, pour faire face à d'urgentes nécessités, constructeurs, entrepreneurs de transports, ingénieurs des ponts et chaussées.

De même, parmi les petits agents, sous-officiers pour la plupart, et qui sont venus en Afrique au péril de leur vie, pour des traitements initiaux vraiment dérisoires, de quinze cents à dix-huit cents francs (avec logement et nourriture, il est vrai), j'ai rencontré, en plus grand nombre que je ne pensais, des hommes de dévouement et de devoir, suppléant à leur manque de culture par leur esprit pratique, leur aptitude à se débrouiller, leur infatigabilité au travail.

Mais, à côté de ceux-là, que de ratés, d'ignorants, d'incapables, venus au Congo, non par vocation coloniale, mais parce qu'ils ne faisaient pas leurs affaires en Europe, qu'ils voulaient échapper à leurs créanciers, ou qu'ils avaient eu des chagrins d'amour.

En insistant, d'ailleurs, j'enfonce une porte ouverte.

Tout le monde reconnaît que le personnel colonial doit être amélioré, que l'avenir du Congo dépend, avant tout, de ceux qui, sur place, auront la charge de l'administrer.

Aussi importe-t-il, et nulle tâche n'est plus urgente, d'agir, d'une manière efficace, sur les causes qui rendent, aujourd'hui, le recrutement difficile et défectueux.

Parmi ces causes il en est deux, surtout, qui, par leur importance, relèguent les autres au second plan.

C'est, d'une part, l'insécurité qui résulte, pour les agents, des conditions dans lesquelles ils sont engagés ; d'autre part, l'idée que l'on se fait des dangers d'un séjour au Congo.

L'insécurité, d'abord.

L'agent est nommé pour trois ans. Il n'a aucune garantie de renouvellement du contrat. Il peut être remercié à l'expiration de chaque terme. S'il est atteint d'invalidité prématurée, par suite de maladie, il se trouve sans moyens d'existence. Après six, neuf, douze ans passés en Afrique, il ne peut que bien difficilement se faire une situation nouvelle en Europe, et, cependant, il n'a droit à aucune pension. Les allocations de retraite, qui dépendent du bon plaisir de l'Etat, ne représentent jamais qu'une somme insuffisante pour assurer ses vieux jours.

C'est déjà une première raison qui explique que, pour trouver, par exemple, des médecins ou des magistrats, l'Etat ait dû recruter dans des pays pauvres, comme l'Italie, qui fournit surtout des médecins, ou les Etats scandinaves, qui envoient surtout des magistrats ; si bien que certains juges — je ne parle pas des médecins italiens, qui tous savent le français — que certains juges, dis-je, ayant à trancher des différends entre Belges et indigènes, ne comprennent que très imparfaitement le français, et point du tout la langue indigène, ce qui les oblige à avoir, sinon deux, du moins un interprète. Or, on le sait, *traduttore traditore*.

Mais il n'y a pas que l'insécurité. Il y a aussi, que l'on me permette l'expression, la *frousse* qu'inspire à certains le climat congolais.

Que de gens ne vont pas au Congo, parce qu'ils craignent les maladies, parce qu'ils ont encore à la mémoire l'énorme pourcentage de morts des premières années, parce qu'ils ont dans leurs relations des Africains, qui ne perdent jamais une occasion de se faire valoir, en parlant des dangers qu'ils ont courus, des hématuries et des dyssenteries qu'ils ont attrapées !

A la vérité, cependant, le Congo n'est ni plus ni moins malsain que la plupart des autres colonies situées dans la zone torride.

C'est un rude climat, à coup sûr, et quand on se trouve sur un bateau qui rentre en Europe, avec des « fins de terme » anémiés, le foie malade, et dont l'un ou l'autre meurt régulièrement en route, il est impossible de se faire illusion à cet égard.

Néanmoins, quand on ne reste pas trop longtemps au Congo, quand on y trouve un confort relatif, quand on évite tout excès et que l'on prend toutes les précautions qui s'imposent, le métier colonial cesse d'être plus dangereux que beaucoup de métiers exercés en Belgique.

Dès lors, que faut-il faire pour réduire au minimum les risques inséparables d'un séjour en Afrique ?

Améliorer, d'abord, le service médical et hospitalier ; veiller à ce que les agents, au point de vue logement et nourriture, soient convenablement traités, comme ils le sont déjà — je me plais à le dire — dans la plupart des stations ; ériger en règle que jamais un blanc ne sera seul dans un poste, loin de tous secours s'il tombe malade ; enfin, et surtout, réduire la durée des termes, car c'est, en général, pendant la troisième année que les agents, fortement anémiés, se défendent le moins contre la maladie.

Partout ailleurs, au surplus, la durée des termes est moins longue qu'au Congo belge.

A Sierra-Leone les Anglais ne font qu'un an, avec, ensuite, quatre mois de congé.

Au Congo français, les termes ne sont que de dix-huit mois.

Dans les colonies allemandes, si je ne me trompe, ils sont de deux ans, et ce serait, semble-t-il, la durée que l'on pourrait admettre, pour le Congo belge.

Quand cette réforme de grande importance sera faite, et que, d'autre part, on aura donné aux agents les garanties qui leur manquent aujourd'hui — permanence des emplois, mise à la retraite au bout d'un certain nombre d'années, ou en cas d'invalidité prématurée — je ne doute pas que le recrutement pour le Congo ne devienne beaucoup plus aisé.

Il y a dans notre pays des milliers de jeunes gens qui assiègent les ministères et les administrations locales, pour obtenir une misérable place ; quantité de médecins qui, dans les villages, disputent le pain amer à des concurrents aussi pauvres qu'eux ; nombre de magistrats sans fortune, qui devront se contenter, pendant des années, des cinq mille francs que l'Etat alloue généreusement aux juges de première instance.

S'ils ont les reins solides, et le foie en bon état, qu'ils aillent plutôt au Congo.

Ils y trouveront des traitements plus élevés, des occasions plus nombreuses de se mettre hors pair, et, surtout, une vie plus libre et plus intéressante, au milieu de toutes les possibilités des pays neufs, dans la majestueuse solitude des forêts et de la brousse.

TABLE

www.ingramcontent.com/pod-product-compliance
Ingram Content Group UK Ltd.
Pitfield, Milton Keynes, MK11 3LW, UK
UKHW021126220726
13924UKWH00004B/1923